Κείμενα: Βανσέν Βιγμινό, Σαρλότ Γκροσέτ, Ρομαίν Ντυτρέ, Κλαιρ Ρενώ

Εικόνες: Σαντάλ Καζέν, Μαρί Κεντρέκ, Αν Σοφί Λανκετέν, Τερέζ Μποντέ,
Εβελύν Ντυβέρν, Καρίν Σανσόν

24 χριστουγεννιάτικα παραμύθια απ' όλο τον κόσμο
Τίτλος πρωτοτύπου: *24 histoires autour du monde pour attendre Noël*

Μετάφραση: Μαρία Αγγελίδου
Διόρθωση: Γιάννης Τσατσαρός

ΕΚΔΟΣΕΙΣ ΠΑΠΑΔΟΠΟΥΛΟΣ
Καποδιστρίου 9, 144 52 Μεταμόρφωση Αττικής
τηλ.: 210 2816134, e-mail: info@picturebooks.gr

ΒΙΒΛΙΟΠΩΛΕΙΟ
Μασσαλίας 14, 106 80 Αθήνα, τηλ.: 210 3615334

www.picturebooks.gr

ISBN 978-960-412-763-4

24

χριστουγεννιάτικα παραμύθια απ' όλο τον κόσμο

ΠΑΠΑΔΟΠΟΥΛΟΣ

περιεχόμενα

1 Δεκεμβρίου

Έλατα στην Αμαζονία
Κείμενα: Σαρλότ Γκροσέτ
Εικόνες: Μαρί Κεντρέκ

2 Δεκεμβρίου

Σοκολατένια αγάπη
Κείμενα: Κλαιρ Ρενώ
Εικόνες: Σαντάλ Καζέν

3 Δεκεμβρίου

Ο Αϊ-Βασίλης παλαιστής του σούμο
Κείμενα: Βανσέν Βιγμινό
Εικόνες: Τερέζ Μποντέ

4 Δεκεμβρίου

Το τέρας του Λόχνες
Κείμενα: Σαρλότ Γκροσέτ
Εικόνες: Καρίν Σανσόν

5 Δεκεμβρίου

Τα δώρα του φαραώ
Κείμενα: Ρομαίν Ντυτρέ
Εικόνες: Εβελύν Ντυβέρν

6 Δεκεμβρίου

Η αποτυχία του Ρούπρεχτ
Κείμενα: Ρομαίν Ντυτρέ
Εικόνες: Αν Σοφί Λανκετέν

7 Δεκεμβρίου

Το καταπληκτικό γραμματοκιβώτιο
Κείμενα: Σαρλότ Γκροσέτ
Εικόνες: Καρίν Σανσόν

8 Δεκεμβρίου

Όταν οι καλικάντζαροι έγιναν δώρα...
Κείμενα: Βανσέν Βιγμινό
Εικόνες: Αν Σοφί Λανκετέν

9 Δεκεμβρίου

Από την άλλη μεριά του Σινικού Τείχους
Κείμενα: Κλαιρ Ρενώ
Εικόνες: Σαντάλ Καζέν

10 Δεκεμβρίου

Ο ελέφαντας που ονειρεύεται χιονισμένα Χριστούγεννα
Κείμενα: Σαρλότ Γκροσέτ
Εικόνες: Τερέζ Μποντέ

11 Δεκεμβρίου

Η παιχνιδομηχανή
Κείμενα: Ρομαίν Ντυτρέ
Εικόνες: Εβελύν Ντυβέρν

12 Δεκεμβρίου

Οι γαλοπούλες στην Αμερική
Κείμενα: Βανσέν Βιγμινό
Εικόνες: Μαρί Κεντρέκ

13 Δεκεμβρίου

Η σπουδαία αποστολή του Ροδόλφου
Κείμενα: Κλαιρ Ρενώ
Εικόνες: Σαντάλ Καζέν

14 Δεκεμβρίου

Το ρεβεγιόν του χορτοφάγου βαμπίρ
Κείμενα: Βανσέν Βιγμινό
Εικόνες: Τερέζ Μποντέ

15 Δεκεμβρίου

Οι τάρανδοι στην Αυστραλία
Κείμενα: Ρομαίν Ντυτρέ
Εικόνες: Μαρί Κεντρέκ

16 Δεκεμβρίου

Τίποτα δε σταματάει τον Αϊ-Βασίλη!
Κείμενα: Κλαιρ Ρενώ
Εικόνες: Εβελύν Ντυβέρν

17 Δεκεμβρίου

Η αποκριάτικη Μπεφάνα από τη Βενετία
Κείμενα: Σαρλότ Γκροσέτ
Εικόνες: Αν Σοφί Λανκετέν

18 Δεκεμβρίου

Τα Χριστούγεννα του μαχαραγιά
Κείμενα: Κλαιρ Ρενώ
Εικόνες: Καρίν Σανσόν

19 Δεκεμβρίου

Οι ματριόσκες του Σεργκέι και της Νατάσας
Κείμενα: Βανσέν Βιγμινό
Εικόνες: Εβελύν Ντυβέρν

20 Δεκεμβρίου

Η πινιάτα-έκπληξη
Κείμενα: Ρομαίν Ντυτρέ
Εικόνες: Καρίν Σανσόν

21 Δεκεμβρίου

Προσοχή στην προσγείωση!
Κείμενα: Κλαιρ Ρενώ
Εικόνες: Αν Σοφί Λανκετέν

22 Δεκεμβρίου

Το μυστήριο του ψυγείου
Κείμενα: Ρομαίν Ντυτρέ
Εικόνες: Τερέζ Μποντέ

23 Δεκεμβρίου

Χριστούγεννα στο βυθό της θάλασσας
Κείμενα: Βανσέν Βιγμινό
Εικόνες: Μαρί Κεντρέκ

24 Δεκεμβρίου

Ένα αστέρι διηγείται την ιστορία του
Κείμενα: Σαρλότ Γκροσέτ
Εικόνες: Σαντάλ Καζέν

Έλατα στην Αμαζονία

Ο Αϊ-Βασίλης έχει φορτώσει στο έλκηθρό του δώρα για τα παιδιά όλου του κόσμου. Κι είναι έτοιμος ν' αρχίσει τη διανομή.

–Εμπρός, καλοί μου τάρανδοι! Κουράγιο! Φέτος το φορτίο είναι βαρύ!

Τη στιγμή που οι τάρανδοι ετοιμάζονται να ξεκινήσουν, χτυπάει το κινητό του Αϊ-Βασίλη.

–Μισό λεπτό, περιμένετε! λέει ο καλός άγιος και κάθεται σ' ένα συννεφάκι για να μιλήσει με την ησυχία του.

Ο πιο άτακτος από τους τάρανδους, ο Γιόνσεν, λέει στους συντρόφους του:

–Γιατί να περιμένουμε; Ας ξεκινήσουμε να μοιράσουμε μόνοι μας τα δώρα!

–Καλή ιδέα! Θα τελειώσουμε μια ώρα αρχύτερα! λέει ο Σβένσεν, ο τεμπέλης της παρέας.

–Ωραία! Όπου βλέπουμε έλατο με παπουτσάκια από κάτω θ' αφήνουμε κι από ένα δώρο! λέει ο Γιόνσεν.

–Εντάξει! Αλλά... τα γνωρίζεις εσύ τα έλατα; Καταλαβαίνεις ποια είναι;
–Και βέβαια! Και βέβαια τα γνωρίζω! Είναι τα μόνα δέντρα που μένουν πράσινα το χειμώνα!
Ευθύς οι τάρανδοι ξεκινούν καλπάζοντας για τη γη. Και φτάνουν πάνω από τη Νότια Αμερική. Εκεί βλέπουν ένα απέραντο δάσος, που μεγαλύτερο δεν υπάρχει: το Δάσος του Αμαζονίου, το μεγαλύτερο τροπικό δάσος στον κόσμο. Κι όλα του τα δέντρα είναι καταπράσινα...
–Ποπό! εκατομμύρια έλατα! λέει σαστισμένος ο Σβένσεν. Θ' αργήσουμε πολύ να τελειώσουμε!
Οι τάρανδοι αρχίζουν να ψάχνουν τα δέντρα ένα ένα, για να βρουν από κάτω τα παπούτσια. Δε βρίσκουν ούτε ένα.
–Α, είμαστε πολύ χαζοί! λέει ξάφνου ο Γιόνσεν. Οι Ινδιάνοι του Αμαζονίου περπατούν ξυπόλυτοι. Δεν έχουν παπούτσια να βάλουν κάτω από τα έλατα!
–Τι θα κάνουμε τώρα; τον ρωτούν οι άλλοι.
–Για καλό και για κακό θα βάλουμε δώρα κάτω απ' όλα τα έλατα.

Κι οι τάρανδοι σκορπίζουν μέσα στη ζούγκλα τα δώρα, που προορίζονταν για τα παιδιά όλου του κόσμου...

Στο μεταξύ, ο Αϊ-Βασίλης ψάχνει παντού τους τάρανδούς του. Τους ξαναβρίσκει τη στιγμή που αφήνουν το τελευταίο πακέτο στις ρίζες ενός τεράστιου δέντρου.

–Α, μα την αλήθεια... δεν έχετε κουκούτσι μυαλό στο κεφάλι σας! φωνάζει.

Είναι η πρώτη φορά που ο Αϊ-Βασίλης κατσαδιάζει τους τάρανδούς του. Αλλά είναι τόσο θυμωμένος...

–Αυτό το δάσος δεν έχει ούτε ένα έλατο, ανόητοι! Τι κουταμάρες κάνετε;

–Μα... όλα αυτά τα δέντρα είναι καταπράσινα... τραυλίζει ο Γιόνσεν.

–Εδώ στους τροπικούς όλα τα δέντρα είναι συνέχεια καταπράσινα!

Οι τάρανδοι έχουν σκύψει το κεφάλι.

–Μπορούμε ν' αφήσουμε τουλάχιστον τα δώρα; λέει δειλά ο Σβένσεν. Θ' αρέσουν πολύ στους Ινδιάνους... νομίζω...

Ο άγιος Βασίλης, όμως, τον κοίταξε τόσο άγρια, που ο καημένος ο τάρανδος δεν είπε λέξη· μόνο βάλθηκε να μαζεύει τα δώρα και να τα ξαναβάζει στο έλκηθρο. Για να προλάβουν να τα μοιράσουν σ' όλα τα παιδιά του κόσμου, κάτω από τα αληθινά χριστουγεννιάτικα δέντρα.

2 Δεκεμβρίου

Σοκολατένια αγάπη

Μια φορά στο Βέλγιο, όπου φτιάχνονται οι καλύτερες σοκολάτες του κόσμου, ήταν ένα μικρό άσπρο σοκολατάκι, που είχε αγαπήσει μια μικρή μαύρη τρούφα. Οι γονείς του νεαρού δεν έβλεπαν με καλό μάτι τον έρωτά του.

–Θα ήταν καλύτερα για όλους, γιε μου, του έλεγε ο πατέρας του, αν έβρισκες μια μικρή και όμορφη άσπρη σοκολατίτσα... που να ξέρουμε τους δικούς της και να μας ξέρουν... Από το δικό μας δίσκο, ας πούμε...

–Μα, πατέρα, εγώ αγαπώ τη μικρή μαύρη τρούφα. Είναι τόσο νόστιμη, τόσο όμορφη, τόσο γλυκιά, τόσο ξεχωριστή. Οι άλλες όλες μού φαίνονται άνοστες κι άχαρες δίπλα της!

–Τι να σου πω, παιδί μου... Αφού δεν ακούς τις συμβουλές μου, κάνε ό,τι θέλεις! Εσύ θα το μετανιώσεις!

Η μαμά σοκολάτα ηρέμησε τον άντρα της:

–Μην ταράζεσαι, χρυσέ μου! Έτσι κι αλλιώς, πολύ σύντομα θα χωρίσουν! Η ζαχαροπλάστισσα ετοιμάζει τα χριστουγεννιάτικα κουτάκια. Και ξέρεις καλά πως δεν ανακατεύει ποτέ τις άσπρες σοκολάτες με τις μαύρες τρούφες! Τι θα κάνει τότε ο γιος μας; Θα την ξεχάσει θέλοντας και μη την αγαπημένη του!

Μα και οι γονείς τής μαύρης τρούφας τα ίδια πάνω-κάτω έλεγαν στην κόρη τους:

–Τι του βρίσκεις, θυγατέρα; Αυτός είναι τόσο χλομός, που θαρρείς θα σωριαστεί από στιγμή σε στιγμή λιπόθυμος!

–Είναι όμορφος, είναι γλυκός, είναι αλλιώτικος απ' όσους ξέρω. Και τον αγαπάω! Τελεία και παύλα!

–Τον αγαπάς, εντάξει. Αλλά η αγάπη, να ξέρεις, δε φτάνει! Χρειάζονται κι άλλα πράγματα!

–Δεν έχουμε μόνο την αγάπη. Έχουμε και τα όνειρά μας. Γιατί το 'χουμε αποφασίσει: θ' αγαπιόμαστε μια ολόκληρη ζωή. Φτάνει αυτό;

–Όπως κι αν έχει το πράγμα, σε λίγες μέρες θα χωριστείτε. Θα μπει ο καθένας σ' άλλο κουτί για τα Χριστούγεννα και τότε θα τον ξεχάσεις, κόρη μου!

Το ίδιο βράδυ το άσπρο σοκολατάκι και η μικρή μαύρη τρούφα συναντήθηκαν κρυφά κι έκλαψαν με καυτά, ασπρόμαυρα, σοκολατένια δάκρυα:

–Τι θα κάνουμε; Σε λίγες μέρες θα χωριστούμε! Πώς θα ζήσουμε;

Κι έφτασε η μέρα που η ζαχαροπλάστισσα άρχισε να φτιάχνει τα κουτιά με τα χριστουγεννιάτικα γλυκά. Έφερε τους δίσκους με τα σοκολατάκια και με τις τρούφες στον πάγκο της κι άρχισε να γεμίζει το πρώτο χρυσό κουτί. Έβαλε μια στρώση άσπρα σοκολατάκια. Έβαλε ύστερα ένα

λεπτό χρυσόχαρτο. Κι ετοιμάστηκε να συνεχίσει βάζοντας μια δεύτερη στρώση από τα ίδια άσπρα σοκολατάκια. Μα ξάφνου το χέρι της έμεινε μετέωρο στον αέρα:

–Για μια στιγμή! Ένα κουτί γεμάτο άσπρες σοκολάτες ή ένα κουτί γεμάτο μαύρες τρούφες θα 'ναι πολύ μονότονο. Αν βάλω μια στρώση άσπρα και μια στρώση μαύρα, οι πελάτες μου θα χαρούν. Θα είναι μια ωραία χριστουγεννιάτικη έκπληξη.

Τι χαρά έκανε η μικρή τρουφίτσα, όταν βρέθηκε δίπλα στο αγαπημένο της άσπρο σοκολατάκι! Αγκαλιάστηκαν με τόσο πάθος, που το κουτί κόντεψε ν' αναποδογυρίσει! Λίγο αργότερα παντρεύτηκαν κι έκαναν πολλά παιδιά, μικρά και νόστιμα σοκολατάκια γάλακτος. Τόσο χαριτωμένα ήταν τα παιδάκια τους, που οι παππούδες και οι γιαγιάδες ξέχασαν τις ανησυχίες και τις αντιρρήσεις τους. Έγιναν όλοι χαζοπαππούδες και χαζογιαγιάδες!

3 Δεκεμβρίου

Ο Αϊ-Βασίλης παλαιστής του σούμο

Ο Αϊ-Βασίλης ξεκίνησε το ταξίδι του από τη χώρα του Ανατέλλοντος Ηλίου... Κι ενώ πετούσε πάνω από τις στέγες της Ιαπωνίας, ξαφνικά άκουσε χειροκροτήματα. Κατέβηκε λίγο, έσκυψε έξω από το έλκηθρο και είδε δυο πελώριους άντρες, που στέκονταν ο ένας απέναντι στον άλλον μέσα σ' έναν κύκλο. Ήταν γιγάντιοι και σχεδόν γυμνοί. Φορούσαν μόνο ένα πανί δεμένο γύρω από τη μέση τους κι είχαν τα μαλλιά τους δεμένα σ' έναν αστείο κότσο στο πίσω μέρος του κεφαλιού τους. Ο Αϊ-Βασίλης ξαφνιάστηκε τόσο πολύ, που άθελά του έπεσε από το έλκηθρο... και βρέθηκε ακριβώς ανάμεσα σ' αυτούς τους δυο γίγαντες. Σηκώθηκε τρίβοντας το πονεμένο του κεφάλι. Γύρω του ήταν μαζεμένος κόσμος πολύς, άνθρωποι που κάθονταν σε ξύλινες κερκίδες. Άνθρωποι πολύ θυμωμένοι μαζί του, γιατί

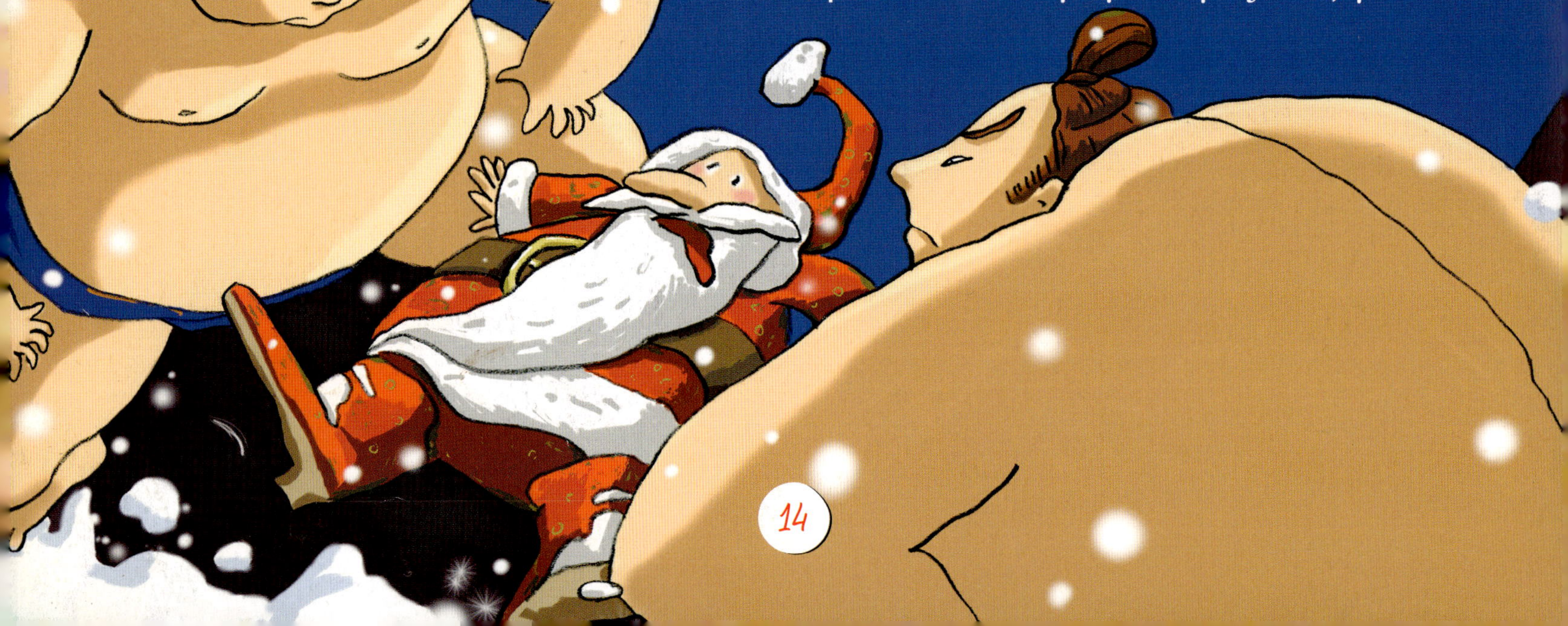

τους είχε διακόψει τη διασκέδαση.

–Συγγνώμη! Με συγχωρείτε πολύ! Είμαι ο Αϊ-Βασίλης, προσπάθησε να δικαιολογηθεί.

Αλλά ο κόσμος γύρω του ήταν θυμωμένος. Κι ο ένας από τους δυο γίγαντες τον πλησίασε αγριεμένος.

Άκουσε τότε ο Αϊ-Βασίλης μια λεπτή φωνούλα μέσα από την τσέπη του: ήταν ο νάνος, που ταξίδευε παντού και πάντα μαζί του, γιατί ήταν ατσίδα στη γεωγραφία και μιλούσε κι ένα σωρό ξένες γλώσσες.

–Άγιε Βασίλη, είπε ο νάνος, έπεσες μέσα σ' έναν αγώνα παλαιστών του σούμο... Αυτό το άθλημα είναι πολύ σημαντικό εδώ, και για πολλούς Γιαπωνέζους μάλιστα πιο σημαντικό από τον άγιο Βασίλη και τα δώρα του...

Ο Αϊ-Βασίλης έβαλε το μυαλό του να σκεφτεί γρήγορα. Οι θεατές είχαν θυμώσει. Πώς θα κατάφερνε να φύγει και να συνεχίσει το ταξίδι του; Ίσως έπρεπε να παλέψει! Αν νικούσε, τότε ίσως... δε θα εμπόδιζαν τον καινούριο πρωταθλητή τους να πάει όπου ήθελε!

–Τι είναι αυτό το σούμο; ρώτησε ψιθυριστά το νάνο του.

–Οι δυο παλαιστές πιάνονται και σπρώχνονται, του απάντησε ψιθυριστά ο νάνος. Κι όποιος καταφέρει να πετάξει τον αντίπαλό του έξω από τον κύκλο είναι ο νικητής!

Τότε ο Αϊ-Βασίλης έβγαλε τη στολή του και τις μπότες

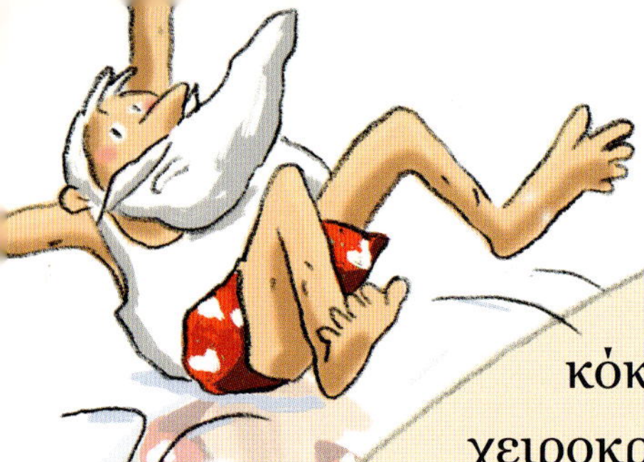

του και έμεινε με το φανελάκι και το κόκκινο βρακί του... Το πλήθος άρχισε να χειροκροτάει: αυτό το γεροντάκι τολμούσε να τα βάλει με τον πρωταθλητή του σούμο! Ο πιο μεγαλόσωμος από τους δυο γίγαντες στάθηκε απέναντί του. Και ο αγώνας άρχισε. Ο πρωταθλητής έπιασε τον Αϊ-Βασίλη από τα μπράτσα και τον τραβούσε και τον έσπρωχνε... ο Αϊ-Βασίλης πάλευε, πάλευε... μ' όλη του τη δύναμη. Στο μυαλό του είχε το ταξίδι του και τα παιδιά όλου του κόσμου που περίμεναν τα δώρα τους. Ξάφνου ο πρωταθλητής τον άρπαξε και τον σήκωσε στα χέρια του, σαν να 'τανε παιχνιδάκι. Κι αμέσως ύστερα τον πέταξε έξω από τον κύκλο. Τι δυστυχία! Είχε χάσει! Ζαλισμένος ο Αϊ-Βασίλης άκουσε χειροκροτήματα και ζητωκραυγές από τις κερκίδες. Κι ο νάνος έτρεξε και του είπε στ' αυτί:

–Εσένα χειροκροτούν, Αϊ-Βασίλη, επειδή έκανες ρεκόρ παραμονής μέσα στον κύκλο, μέχρι να σε πετάξει έξω από αυτόν ο πρωταθλητής!

Ο νάνος, που μιλούσε γιαπωνέζικα, εξήγησε στον κόσμο ότι ο άγνωστος παλαιστής βιαζόταν πολύ να φύγει, γιατί είχε επείγουσα δουλειά, και ότι θα 'ρχόταν του χρόνου, για να πάρει ξανά μέρος στους αγώνες του σούμο. Μ' αυτά τα λόγια, ο νάνος κι ο Αϊ-Βασίλης έφυγαν τρέχοντας προς το έλκηθρο, που τους περίμενε. Αλλά αναγκάστηκαν να γυρίσουν πίσω, γιατί ο Αϊ-Βασίλης είχε ξεχάσει τα ρούχα και τις μπότες του! Τελικά έφυγαν για να συνεχίσουν το γύρο του κόσμου, ενώ πίσω τους το πλήθος εξακολουθούσε να χειροκροτεί και να ζητωκραυγάζει.

4 Δεκεμβρίου

Το τέρας του Λόχνες

Στη Σκοτία υπάρχει μια λίμνη που τη λένε Λόχνες. Στα νερά της ζει ένα τέρας, που τρομοκρατεί όλη τη γύρω περιοχή. Λένε πως έχει ένα λαιμό πιο μακρύ κι από καμηλοπάρδαλη, πως τα πόδια του είναι κοντόχοντρα και βαριά και πως, όταν χτυπάει την ουρά του, κάνει τα νερά να βράζουν!

Λίγες μέρες πριν από τα Χριστούγεννα, δυο παιδάκια παίζουν κοντά στη λίμνη. Ξαφνικά...

–Στηβ, κοίτα! φωνάζει η Μαίρη. Ένα παπούτσι πελώριο, μεγάλο σαν βάρκα, είναι ακουμπισμένο στο χορτάρι...

–Το ’βαλε εδώ το τέρας, για να του αφήσει ο Αϊ-Βασίλης το δώρο του, λέει ο Στηβ.

–Μα ο Αϊ-Βασίλης φέρνει δώρα μόνο στους ανθρώπους!

–Πράγματι! Το κακόμοιρο το τέρας θα μείνει χωρίς δώρο! κουνάει το κεφάλι του ο Στηβ. Τι λες, Μαίρη; Να παραστήσουμε εμείς τον Αϊ-Βασίλη και να του γεμίσουμε το παπούτσι του;

–Τρελάθηκες; Το τέρας είναι επικίνδυνο!

–Η Νέση δεν έχει πειράξει ποτέ κανέναν. Όλος ο κόσμος τη φοβάται, αλλά κανένας δεν την έχει δει ποτέ. Ξέρεις καλά ότι δε βγαίνει από τα νερά παρά μόνο τη νύχτα ή όταν η ομίχλη είναι πυκνή!

Η Μαίρη σκέφτεται: «Σίγουρα δεν είναι εύκολο να είσαι τέρας κακάσχημο και να σε φοβούνται όλοι. Να πρέπει να κρύβεσαι συνέχεια. Και να μη γιορτάζεις ποτέ τα Χριστούγεννα». Ξάφνου της έρχεται μια ιδέα:

–Πρέπει να της πάρουμε καραμέλες και σοκολάτες! Βάζω στοίχημα ότι δεν έχει ξαναφάει ποτέ της!

Τα δυο παιδιά τρέχουν στο χωριό και σπάνε τους κουμπαράδες τους. Χρόνια τώρα μαζεύουν λεφτά για να πάνε ταξίδι με διαστημόπλοιο. Τώρα παίρνουν τις οικονομίες τους, τρέχουν στο χριστουγεννιάτικο παζάρι κι αγοράζουν γλυκίσματα και ζαχαρωτά. Μετά γυρίζουν στη λίμνη και γεμίζουν το παπούτσι ίσαμε πάνω.

Την άλλη μέρα, όταν τα δυο καλά παιδιά κατεβαίνουν ξανά στη λίμνη, το παπούτσι έχει χαθεί. Στη θέση του υπάρχει ένας βράχος σκαλιστός, σαν μεγάλη σουπιέρα. Κι είναι γεμάτος με πολύτιμα πετράδια!

–Αυτό θα πει ότι ο βυθός της λίμνης είναι γεμάτος θησαυρούς! ψελλίζει ο Στηβ.

–Με τόσα πλούτη θα κάνουμε τρεις φορές το γύρο του Γαλαξία! Και

μάλιστα πρώτη θέση! λέει η Μαίρη.
Ξάφνου ένα κεφάλι δεινόσαυρου βγαίνει από το νερό χαμογελώντας πονηρά. Το μουσούδι του είναι πασαλειμμένο με ζάχαρη και σοκολάτες...
–Νέση! φωνάζουν τα παιδιά. Πώς το κατάλαβες ότι δε σου 'φερε τα γλυκά ο Αϊ-Βασίλης; Και τι υπέροχο δώρο! Τόσα πολύτιμα πετράδια!
–Όσο πολύτιμα κι αν είναι, δεν αξίζουν όσο δυο καλοί φίλοι, απαντάει το τέρας με γουργουριστή, αστεία φωνή. Θέλω να σας ευχαριστήσω μ' όλη μου την καρδιά. Κι αν εκτός από το Γαλαξία σας ενδιαφέρουν κι άλλα ταξίδια, θα σας πάρω με το υποβρύχιό μου να δείτε το βυθό της λίμνης.
–Πότε; φωνάζουν ενθουσιασμένα τα παιδιά.
–Σήμερα, την ώρα που βασιλεύει ο ήλιος. Είναι η ωραιότερη ώρα και τα πετράδια αστράφτουν με χίλια χρώματα. Ελάτε!
Και... η φωνή της Νέσης ακούγεται ξάφνου πιο γλυκιά:
–Και μην ξεχάσετε να μου φέρετε κανένα γλυκάκι! Αυτά που μου φέρατε χτες τα τελείωσα!

5 Δεκεμβρίου

Τα δώρα του φαραώ

Μια φορά ήταν ένα αγοράκι που το έλεγαν Σέθι. Ο Σέθι ζούσε στην αρχαία Αίγυπτο. Μια μέρα που γύριζε αργά από το σχολείο του, καθώς περνούσε μπροστά από τη μεγάλη πυραμίδα του Χέοπα, συνάντησε έναν αστείο γέρο, ντυμένο στα κόκκινα.

–Δε μου λες, παιδάκι μου, τον ρωτάει ο γέρος, μήπως ξέρεις πού βρίσκεται η καμινάδα αυτού του σπιτιού; Και δείχνει την πυραμίδα.

–Δεν έχει καμινάδα, κύριε, του απαντάει ο Σέθι. Τι να την κάνει την καμινάδα η πυραμίδα του φαραώ Χέοπα; Αφού δεν έχει ούτε τζάκι!

–Μάλιστα! Άλλο ένα σπίτι με καλοριφέρ! Πώς θα μπω τώρα μέσα; μουρμουρίζει μουτρωμένος ο γέρος.

–Καλοριφέρ; Τι είναι πάλι αυτό; ρωτάει απορημένο το παιδί. Και... γιατί θέλετε να μπείτε μέσα στην πυραμίδα του Χέοπα;

–Μα... για να του δώσω τα δώρα του, απαντάει ακόμα πιο μουτρωμένος ο γέρος.
–Α, μάλιστα! Λοιπόν, μην κάνετε τον κόπο, δε χρειάζεται! Ο Χέοπας πήρε όλα του τα δώρα όταν μπήκε στην πυραμίδα!
Ο γέρος κοίταξε ξαφνιασμένος τον Σέθι:
–Τι πράγμα; Του δώσατε τα δώρα του; Μα ακόμα δεν ήρθαν ούτε τα Χριστούγεννα ούτε η Πρωτοχρονιά!
–Τα Χριστούγεννα; Η Πρωτοχρονιά; Αυτά πάλι δεν τα ξέρω! λέει ο Σέθι – κι από μέσα του σκέφτεται πως θα 'πρεπε να προσέχει περισσότερο την ώρα που η δασκάλα τούς μιλάει για τους αρχαίους μύθους.
–Δεν ξέρεις τα Χριστούγεννα; Μα πού βρισκόμαστε; Δεν καταλαβαίνω! φωνάζει σαστισμένος ο γέρος με τα κόκκινα.
Το πρόσωπο του Σέθι φωτίζεται, την απάντηση σ' αυτή την ερώτηση την ξέρει:
–Βρισκόμαστε στην Αίγυπτο και στο θρόνο των φαραώ βασιλεύει ο Ραμσής ο Δεύτερος, τρίτος φαραώ της δέκατης ένατης δυναστείας!!!
–Α, τώρα κατάλαβα! Φταίει ο καθηγητής Γουέλς και η μηχανή του! Μ' έστειλε με το έλκηθρό μου ταξίδι στο χρόνο!!! Κάτσε να γυρίσω στο Βόρειο Πόλο και θα του πω εγώ! Τι κάθισε και σκάρωσε ο αθεόφοβος...

Μουρμουρίζοντας ακόμα, ο γέρος με τα κόκκινα γυρίζει προς το παράξενο άρμα του, που το σέρνουν ακόμα πιο παράξενα ζώα. Τέτοια ζώα δεν έχει ξαναδεί ποτέ του ο Σέθι.

–Καλά μου φάνηκε γνωστό το όνομα του Χέοπα! Αλλά δεν πήγε το μυαλό μου! λέει μέσα από τα δόντια του ο Αϊ-Βασίλης.

Και ξάφνου κοντοστέκεται... και γυρίζει πίσω στο Σέθι:

–Άκου να σου πω, μικρέ. Με βοήθησες πολύ. Κι έπειτα... έχω κάποια δώρα εδώ μαζί μου, που δεν ξέρω τι να τα κάνω! Λοιπόν, πάρ' τα! Σου τα χαρίζω! Γιατί τα αξίζεις!

Μ' αυτά τα λόγια, άδειασε στα πόδια του Σέθι όλο το τσουβάλι, που κουβαλούσε στην πλάτη του. Ο Σέθι ξετρελάθηκε από τη χαρά του. Τόσα δώρα μαζεμένα! Γύρισε σπίτι του και ζήτησε από τους δικούς του να κάνουν γιορτή μεγάλη. Πράγματι, έτσι κι έγινε. Κι από τότε η οικογένεια του Σέθι γιορτάζει κάθε χρόνο τέτοιες μέρες τα Χριστούγεννα και την Πρωτοχρονιά.

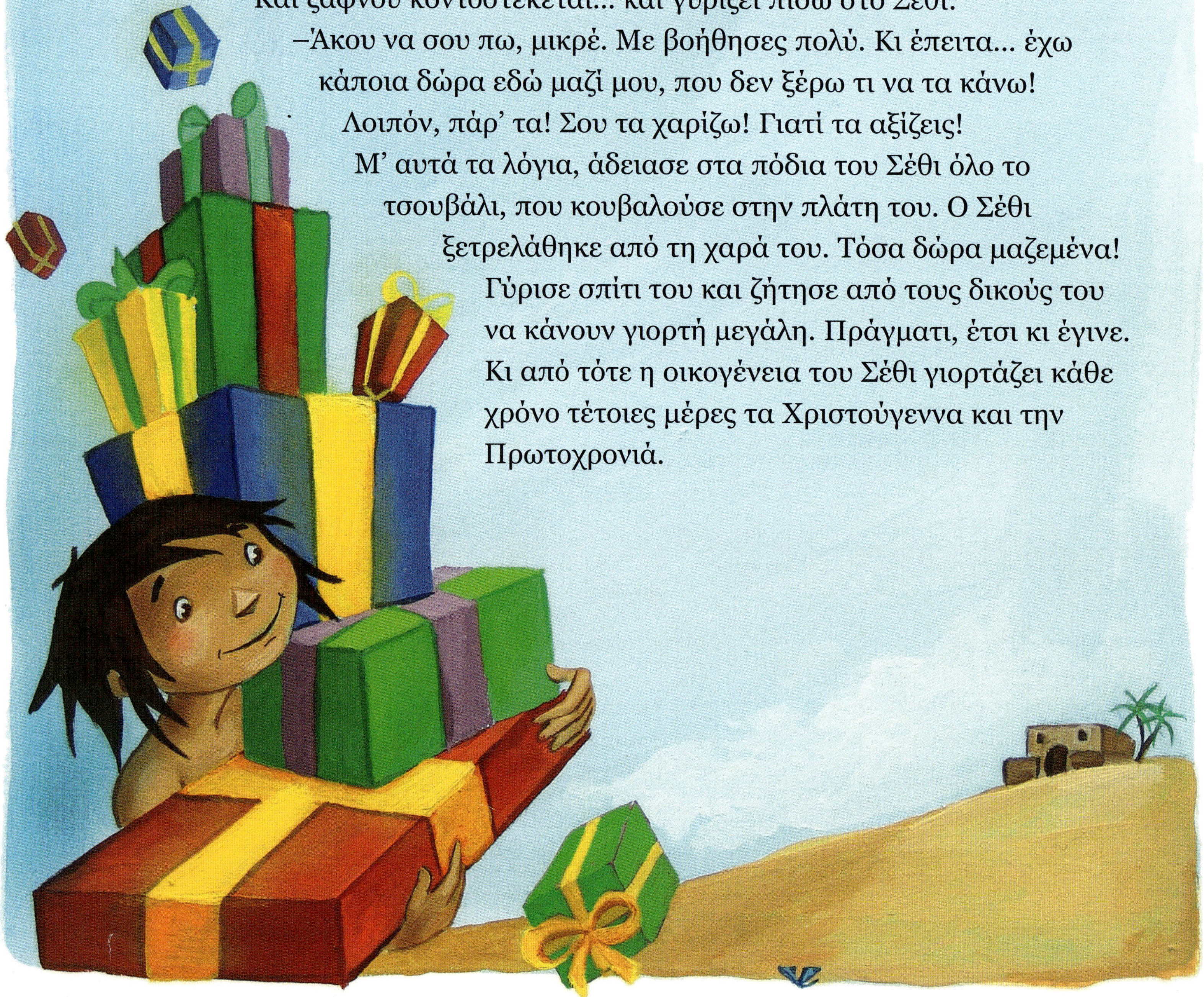

6 Δεκεμβρίου

Η αποτυχία του Ρούπρεχτ

Ο φετινός χειμώνας είναι πολύ βαρύς στη Βαβαρία. Το χιόνι φτάνει μέχρι το γόνατο και ο αέρας φυσάει παγωμένος. Ακόμα κι οι γέροι δε θυμούνται άλλον τέτοιο άγριο χειμώνα! Ευτυχώς σήμερα είναι 6 Δεκεμβρίου. Και αυτή τη μέρα έρχεται ο άγιος Νικόλαος και μοιράζει δωράκια στα φρόνιμα παιδιά. Όλα έχουν αφήσει τα παπουτσάκια τους έξω από την πόρτα και περιμένουν. Μα, για κακή τύχη, ο άγιος Νικόλαος είναι κρεβατωμένος! Εμ, βέβαια, έτσι όπως τριγύριζε μέσα στα χιόνια με το ράσο του, πούντιασε. Κι ο γιατρός του είπε να μην τολμήσει να σηκωθεί από το κρεβάτι. Ποιος θα μοιράσει τώρα τα δώρα στα παιδιά; Μια λύση μόνο υπάρχει: να πάει στη θέση του ο Ρούπρεχτ. Τον ξέρετε τον Ρούπρεχτ; Είναι ο καλικάντζαρος που κάθε χρόνο μοιράζει καρπαζιές στα άτακτα παιδάκια.

Όταν τ' ακούει ο νάνος, πηδάει ως τον ουρανό από τη χαρά του.
–Τι καλά! λέει. Φέτος που θα μοιράζω δώρα, όλα τα παιδιά θα χαρούν που θα με δουν!
Και χοροπηδώντας ξεκινάει με το τσουβάλι του άγιου Νικόλα στην πλάτη του.

Φτάνοντας στο πρώτο σπίτι του πρώτου χωριού χτυπάει την πόρτα και φωνάζει:

–Ε, παιδιά, ανοίξτε! Έφτασαν τα δώρα σας!

Τρέχουν τα παιδιά, ανοίγουν όλο χαρά, μα εκεί που περίμεναν να δουν τον άγιο Νικόλαο, ποιον βλέπουν μπροστά τους; Τον καλικάντζαρο τον Ρούπρεχτ!

–Βοήθεια! Βοήθεια! βάζουν τις φωνές και τα κλάματα.

Δεν καταλαβαίνουν τι δουλειά έχει ο Ρούπρεχτ στην πόρτα τους. Αφού ήταν φρόνιμα όλο το χρόνο! Προσπαθεί ο καημένος ο καλικάντζαρος να τους εξηγήσει ότι δεν έχει φέρει καρπαζιές όπως άλλες χρονιές, αλλά γλυκά και δώρα. Τίποτα! Όλα τα παιδιά, μόλις τον βλέπουν, του κλείνουν την πόρτα στα μούτρα!

–Κρίμα! μουρμουρίζει στενοχωρημένος ο Ρούπρεχτ. Τα έκανα μούσκεμα!
Κι απογοητευμένος γυρίζει στον άγιο Νικόλαο και του διηγείται την αποτυχία του. Αφού όλος ο κόσμος τον φοβάται, τα παιδιά θα μείνουν φέτος χωρίς δώρα!

Τότε ο άγιος Νικόλαος έχει μια φοβερή ιδέα: βάζει τον Ρούπρεχτ να αλευρώσει τα γένια και τα μαλλιά του και να φορέσει το κόκκινο ράσο, που κανονικά φοράει ο άγιος Νικόλαος.

–Ορίστε, τώρα δε θα υπάρχει πρόβλημα! λέει ο άγιος Νικόλαος.

Ο Ρούπρεχτ φεύγει ξανά – κι αυτή τη φορά πράγματι όλα πάνε μια χαρά! Όλοι τον υποδέχονται με ανοιχτές αγκάλες· γιατί νομίζουν ότι είναι ο άγιος Νικόλαος! Και τα δώρα φτάνουν στον προορισμό τους.

Ο Ρούπρεχτ επιστρέφει ευχαριστημένος. Κανένας δεν τον φοβήθηκε. Φέτος, λοιπόν, τα δώρα στη Βαβαρία τα μοίρασε ο καλικάντζαρος ο Ρούπρεχτ. Αλλά κανένας δεν το ξέρει!

7 Δεκεμβρίου

Το καταπληκτικό γραμματοκιβώτιο

–Γιαγιά, ο ταχυδρόμος μάς έφερε γράμματα! Το γραμματοκιβώτιο αναβοσβήνει!

Ανυπόμονη, η μικρή Έμιλι φοράει τις μπότες και το μπουφάν της και βγαίνει τρέχοντας από το σπίτι. Μπρρρρ! Τι κρύο! Η Έμιλι τρέχει όσο πιο γρήγορα μπορεί στο γραμματοκιβώτιο – δηλαδή δεν τρέχει ακριβώς, ούτε και πάει γρήγορα: τα πόδια της χώνονται ως το γόνατο μέσα στο χιόνι.

Κρρρρ! κάνει το κλειδί, καθώς γυρίζει μέσα στην κλειδαριά της μικρής πορτούλας. Φλαπ! Κάνει η πορτούλα κι ανοίγει.

–Ποπό! λέει η Έμιλι κοιτάζοντας μέσα. Γράμμα από τον μπαμπά και τη μαμά! Για μένα!

Η μικρή κλείνει την πορτούλα και τα λαμπάκια πάνω στο γραμματοκιβώτιο σβήνουν. Το κουτί θα μείνει άδειο και σβηστό μέχρι αύριο. Τι καταπληκτικό γραμματοκιβώτιο! Η γιαγιά έχει εξηγήσει το μηχανισμό στην Έμιλι. Όταν ο ταχυδρόμος ρίχνει γράμμα μέσα στο

κουτί, αυτό πέφτει πάνω σε μια μεταλλική επιφάνεια, που με τη σειρά της πιέζει με το βάρος της ένα διακόπτη κρυμμένο από κάτω της. Τότε τα φωτάκια ανάβουν. Και μπορεί κανείς να τα δει από το παράθυρο του σαλονιού. Αν τα φωτάκια δεν ανάψουν, δεν είναι ανάγκη να βγουν μες στο κρύο και στο χιόνι για το τίποτα!

Η Έμιλι γυρίζει βιαστικά στο σπίτι, για να ζεσταθεί. Ανοίγει το φάκελο. Μέσα έχει μια κάρτα μ' έναν πελώριο Αϊ-Βασίλη. Μόνο που αυτός ο Αϊ-Βασίλης μιλάει! Όταν η Έμιλι ανοίγει την κάρτα, μια αστεία φωνούλα λέει: «Καλά Χριστούγεννα κι ευτυχισμένος ο καινούριος χρόνος».

Η Έμιλι διαβάζει τα γράμματα της μαμάς στο πίσω μέρος της κάρτας: «Αγαπημένη μου κορούλα, ο μπαμπάς κι εγώ βιαζόμαστε να γυρίσουμε πίσω, για να περάσουμε μαζί τα Χριστούγεννα και την Πρωτοχρονιά. Στο μεταξύ, σου στέλνουμε αυτό τον άγιο Βασίλη για να σου φέρει το μεγάλο νέο: περιμένουμε μωρό! Σε λίγο καιρό θα 'χεις έναν αδερφούλη ή μια αδερφούλα!»

Η Έμιλι τρέχει καταχαρούμενη να πει τα νέα στη γιαγιά. Κι οι δυο μαζί αρχίζουν να χορεύουν μέσα στο σαλόνι. Όταν σταματούν λαχανιασμένες λίγο αργότερα, η Έμιλι λέει στη γιαγιά:

–Γιαγιά, ξέρω τι λείπει από το καταπληκτικό σου γραμματοκιβώτιο!

–Τι; ρωτάει η γιαγιά.

–Ένα σύστημα που θα ξεχωρίζει τις καλές ειδήσεις. Και δε θα 'χουμε μόνο τα φωτάκια ν' αναβοσβήνουν. Θα βάλουμε και ένα κουδούνι, που θα χτυπάει δυνατά και χαρούμενα. Έτσι θα τ' ακούμε, ακόμα κι αν δεν το βλέπουμε! Και θα καταλαβαίνουμε πως ήρθε γράμμα! Και πως το γράμμα φέρνει καλά νέα!

8 Δεκεμβρίου

Όταν οι καλικάντζαροι έγιναν δώρα...

Μια μέρα έτυχε κι έγινε μεγάλο κακό στη χώρα των καλικάντζαρων, στην καρδιά του μεγάλου σκανδιναβικού δάσους. Ο κακός γίγαντας Ίγκμαρ έχει μάθει ένα ξόρκι μαγικό. Ένα ξόρκι πολύ δυνατό. Είναι ένας γίγαντας κακός, άσχημος και βλάκας, που μισεί τους καλικάντζαρους... Με βροντερή φωνή λέει το ξόρκι του. Την ίδια στιγμή νύστα τρομερή πιάνει τους καλικάντζαρους και πέφτουν για ύπνο.

Ξυπνώντας καταλαβαίνουν ότι μπορούν να σκέφτονται, όπως πάντα. Και να αισθάνονται τα πάντα. Αλλά δεν μπορούν ούτε να κουνηθούν ούτε να μιλήσουν.

–Τι καλά! Σας έχω στο χέρι! μουγκρίζει ο φριχτός γίγαντας.

Και αρπάζει τους κακόμοιρους τους καλικάντζαρους, τους χώνει μέσα στο σακί του και τους πάει στη μακρινή βόρεια Λαπωνία:

–Όλοι στη γη προτιμούν

εσάς από μένα. Γι’ αυτό κι εγώ θα σας στείλω να κάνετε παρέα στους ανθρώπους. Θα σας βάλω μαζί με τα παιχνίδια που θα μοιράσει στα παιδιά ο Αϊ-Βασίλης. Θα μείνετε άψυχα κουκλάκια στους αιώνες των αιώνων.
Μέσα στη νύχτα ο Ίγκμαρ αραδιάζει τους δύστυχους καλικάντζαρους στα ράφια του Αϊ-Βασίλη. Προσπάθησαν οι καημένοι να διαμαρτυρηθούν, αλλά άχνα δεν έβγαινε από το στόμα τους. Προσπάθησαν να ξεφύγουν, αλλά ούτε το μικρό τους δαχτυλάκι δεν μπορούσαν να κουνήσουν... Τρεις μέρες αργότερα οι βοηθοί του Αϊ-Βασίλη τους τυλίγουν και τους κάνουν πακέτα, χωρίς τίποτα να υποψιαστούν. Κι ο Αϊ-Βασίλης τους παίρνει και τους μοιράζει στα παιδιά όλου του κόσμου, χωρίς να πάρει είδηση. Οι καλικάντζαροι έγιναν παιχνίδια... Για πάντα!

Μα δίχως τα καλικαντζαράκια του το δάσος της Σκανδιναβίας είναι βουβό και λυπημένο. Τα λουλούδια του μαραίνονται, το χορτάρι του μαυρίζει.
Ο Όλαφ, ένας γίγαντας καλός κι έξυπνος, καταλαβαίνει ότι το δάσος πεθαίνει. Κι επειδή κι ο ίδιος στενοχωριέται που οι μικροί του φίλοι βρίσκονται αιχμάλωτοι μακριά από την πατρίδα τους, πηγαίνει στο εργαστήρι του Αϊ-Βασίλη και του διηγείται τι έχει γίνει.

–Ποπό! τι έκανα! Χάρισα στα παιδιά ζωντανά πλασματάκια! Φυλακισμένα από ένα ξόρκι! βάζει τις φωνές τρομοκρατημένος ο καλός άγιος. Τι θα κάνουμε τώρα;

–Έχω μια ιδέα, λέει ο Όλαφ. Κι εξηγεί το σχέδιό του.

Αμέσως ο Αϊ-Βασίλης μαζεύει τους βοηθούς

του. Κι ο Όλαφ μαζεύει τις καλές νεράιδες, τα ζώα και τα πουλιά του δάσους, τα πνεύματα των δέντρων, όλα τα ξωτικά.

Μ' ένα κοπάδι κοράκια ξεκινά ο καλός γίγαντας να κάνει το γύρο του κόσμου. Ο Αϊ-Βασίλης του έχει δώσει τον κατάλογο με τις διευθύνσεις. Τις νύχτες, λοιπόν, μπαίνει στα σπίτια και, χωρίς να κάνει καθόλου θόρυβο, ψάχνει στα δωμάτια των παιδιών, κάτω από τα κρεβάτια τους. Κι όπου βρίσκει μαγεμένο καλικάντζαρο, ο Όλαφ λέει το μαγικό ξόρκι από την ανάποδη, για να τον ζωντανέψει! Αμέσως οι καλικάντζαροι φεύγουν, καβάλα στα κοράκια, για το εργαστήρι του Αϊ-Βασίλη. Εκεί οι βοηθοί φτιάχνουν αμέσως μικρά κουκλάκια ολόιδια, που μοιάζουν με τα καλικαντζαράκια σαν δυο σταγόνες νερό. Κι άλλοι βοηθοί παίρνουν τις κούκλες και τις πηγαίνουν στα σπίτια, στα δωμάτια των παιδιών, στη θέση των χαμένων παιχνιδιών.

Οι καλικάντζαροι γυρίζουν ελεύθεροι στο δάσος και διώχνουν μακριά τον κακό γίγαντα Ίγκμαρ. Τους βοηθούν ο Όλαφ και οι καλοί γίγαντες. Λένε, μάλιστα, ότι ο Όλαφ παντρεύτηκε τη βασίλισσα καλικαντζαρίνα. Και το μαγικό δάσος ξαναβρήκε τις δυνάμεις του! Αλλά αυτή είναι μια άλλη ιστορία!

9 Δεκεμβρίου

Από την άλλη μεριά του Σινικού Τείχους

–Να που ξεμπερδέψαμε! Επιτέλους! Όλα τα Κινεζάκια πήραν τα δώρα τους! λέει ο Αϊ-Βασίλης. Κι εμείς μπορούμε να γυρίσουμε σπίτι μας, καλοί μου τάρανδοι. Μα... τι βλέπω; Ένα πακετάκι έχει μείνει μέσα στο έλκηθρο! Για ποιον είναι; Μια στιγμούλα, να διαβάσω... «Τσανγκ, από την άλλη μεριά του Σινικού Τείχους». Μάλιστα. Λοιπόν, καλοί μου τάρανδοι, μια τελευταία χάρη σας ζητώ, πρέπει να περάσουμε από την άλλη μεριά αυτού του μεγάλου τείχους!

Αλλά όσο κι αν προσπαθούν οι τάρανδοι, όσο κι αν τους τάζει ο Αϊ-Βασίλης διπλή μερίδα καρότα και ζάχαρη και σοκολάτες, που τους αρέσουν, δε γίνεται τίποτα. Τα ζώα είναι τόσο κουρασμένα που δεν αντέχουν όχι να πετάξουν, αλλά ούτε να πηδήσουν.

–Κρίμα, αναστενάζει ο Αϊ-Βασίλης. Ο μικρός Τσανγκ δε θα πάρει φέτος το δώρο του. Θα του πάμε δύο του χρόνου! Μα κι αυτός ο ευλογημένος! Τι του 'ρθε να πάει να μείνει από την άλλη μεριά ενός τέτοιου πελώριου τείχους;

Ο Αϊ-Βασίλης είναι έτοιμος να φύγει, αλλά οι τύψεις δεν τον αφήνουν:

–Το καημενάκι, όμως! Όχι, δεν μπορώ να το πικράνω έτσι! Θα το σκαρφαλώσω

μόνος μου το αναθεματισμένο τείχος! Στο κάτω κάτω, όταν ήμουνα νέος είχα σκαρφαλώσει και στα Ιμαλάια!

Παίρνει, λοιπόν, το δωράκι του Τσανγκ και πλησιάζει το Σινικό Τείχος.

–Ποπό! τι ψηλό που είναι! μουρμουρίζει.

Κι αμέσως μετά ο Αϊ-Βασίλης αρχίζει το σκαρφάλωμα.

–Αχ, πώς με πονάνε τα πόδια μου! παραπονιέται. Άσε που ίδρωσα κιόλας μ' αυτή την πατατούκα! Πολύ με σφίγγει! Θα τη βγάλω. Θα βγάλω και τη ζώνη, παραείναι βαριά!

Αλλά δεν προλαβαίνει να βγάλει τη ζώνη, του πέφτει το παντελόνι στους αστραγάλους! Αφήνει ο καημένος το ένα χέρι και προσπαθεί να σηκώσει το παντελόνι. Αλλά παραλίγο να πέσει. Αφήνει, λοιπόν, το παντελόνι. Α, όχι, δε θα σκοτωθεί κιόλας για το παλιοπαντελόνι του! Στο κάτω κάτω και το σώβρακό του μια χαρά είναι. Πιάνεται, λοιπόν, με τα δυο του χέρια και ξαναρχίζει το ανέβασμα.

Λίγο πιο πάνω σταματάει να πάρει μια ανάσα. Και τότε του έρχεται μια πολύ κακή ιδέα: να κοιτάξει κάτω. Τι ψηλά που έχει ανέβει! Κι ευθύς τον πιάνει ίλιγγος, τα πόδια του τρέμουν, τ' αυτιά του σφυρίζουν.

–Άπαπα! Δεν είναι της ηλικίας μου αυτά τα επικίνδυνα σπορ!

Κλείνει τα μάτια τότε ο Αϊ-Βασίλης, σκέφτεται τη γυναίκα του για να πάρει θάρρος και ανεβαίνει τα τελευταία μέτρα που του απομένουν ως την

κορυφή. Και βλέπει από την άλλη μεριά του τείχους, κάτω χαμηλά, ένα αγοράκι να τον κοιτάζει με μάτια ορθάνοιχτα.
–Καλημέρα, νεαρέ. Όσο κι αν η εμφάνισή μου δεν είναι αυτή που θα περίμενε κανείς, σε διαβεβαιώνω ότι είμαι στ' αλήθεια ο Αϊ-Βασίλης. Μήπως μπορείς να μου πεις πού είναι το σπίτι του μικρού Τσανγκ;
–Εγώ είμαι ο Τσανγκ.
–Πολύ χαίρομαι που το ακούω! Λοιπόν, μικρέ μου, πιάσε το δώρο σου και καλά Χριστούγεννα και καλή χρονιά! Μόνο δώσε μου το λόγο σου πως δε θα το πεις σε κανέναν ότι με είδες έτσι, με το σώβρακο! Σύμφωνοι; Θα είναι το μυστικό μας!
Κι έτσι –εκτός από τη γυναίκα τού Αϊ-Βασίλη– ο μικρός Τσανγκ είναι ο μόνος που έχει δει τον καλό άγιο με το σώβρακο!

10 Δεκεμβρίου

Ο ελέφαντας που ονειρεύεται χιονισμένα Χριστούγεννα

Τα γράμματα ταξιδεύουν αργά, θέλουν πολύ καιρό να φτάσουν από την αφρικανική σαβάνα στο Βόρειο Πόλο. Γι’ αυτό και ο Ουμαρού, ο ελέφαντας από τη Νιγηρία, κι ο φίλος του Νανόκ, το καριμπού από τη Λαπωνία, προτιμούν τα e-mail!

Σήμερα ο Ουμαρού πήρε μήνυμα από τον Νανόκ! «Γεια σου, παχύδερμο, σου εύχομαι καλά Χριστούγεννα. Ελπίζω να μην πεθάνεις από τη ζέστη εκεί στους τροπικούς. Εδώ τα έλατα κοντεύουν να σπάσουν από το πολύ χιόνι: είναι σκέτη ομορφιά! Σου σφίγγω με αγάπη την προβοσκίδα σου. Ο φίλος σου Νανόκ».

Ο Ουμαρού κοιτάζει λυπημένος την αγαπημένη του σαβάνα. Ξάφνου βάζει τα κλάματα:

–Χωρίς χιόνι δε γίνονται Χριστούγεννα!
–Μα... Ουμαρού, του λέει ο μπαμπάς του, κοίτα τις καμηλοπαρδάλεις, τα φλαμίνγκο, τον γαλάζιο ουρανό, τις απέραντες καταπράσινες πεδιάδες. Δεν πρέπει να ζηλεύεις τον Νανόκ. Κι ο δικός μας τόπος είναι όμορφος!
–Είναι, είναι, παραδέχεται με λυγμούς ο Ουμαρού. Αλλά θέλω να τον δω χιονισμένο!
Τόσο σαματά κάνει με τις φωνές του ο Ουμαρού, που ο μικρός του αδερφός, ο Σέμπο, που κοιμάται κάτω από ένα γιγάντιο μπαομπάμπ, ξυπνάει και τρέχει κι αυτός:
–Έχει δίκιο ο Ουμαρού! Θέλω να δω τα λιοντάρια να τρέχουν στα χιόνια! Και τα φλαμίνγκο να κάνουν πατινάζ στις παγωμένες λίμνες!
–Θέλω να δω τις μαϊμούδες να κάνουν έλκηθρο στις χιονισμένες πλαγιές, συνεχίζει τα κλάματα ο Ουμαρού.
–Και οι τίγρεις θα γλιστράνε στον πάγο και δε θα μπορούν να

κυνηγήσουν τις γαζέλες! συνεχίζει ο Σέμπο, που είναι πονόψυχος.

–Κι εμείς οι ελέφαντες, ονειρεύεται ο Ουμαρού, θα κάνουμε αγώνες με τα ξαδέρφια μας τους ιπποπόταμους. Θα πηδάμε με φόρα κι όποιος καταφέρνει να μη χωθεί πολύ βαθιά στο χιόνι θα κερδίζει!

–Εγώ θα βγω σίγουρα νικητής, γελάει ο Σέμπο. Γιατί ζυγίζω μόνο πεντακόσια κιλά! Για πες μου, λοιπόν, τι θα κερδίσω;

Ο Ουμαρού ξύνει τους μεγάλους του χαυλιόδοντες...

–Μμμμ... τα φύλλα μιας ολόκληρης μπανανιάς για το γιορτινό τραπέζι των Χριστουγέννων!

Η μαμά τους τότε σηκώνει την προβοσκίδα της και χαμογελάει:

–Αν πέσει χιόνι εδώ, παιδιά μου, ούτε ένα φύλλο δε θα μείνει στα δέντρα! Μόνο τα έλατα αντέχουν. Και τα έλατα τσιμπάνε λιγάκι στη γλώσσα!

–Οχ, αναστενάζει ο Σέμπο. Θέλεις να πεις ότι πρέπει να διαλέξουμε: ή χιονισμένα ή νόστιμα Χριστούγεννα;

–Ακριβώς, λέει η μαμά.

–Α, αν είναι έτσι, εγώ προτιμώ το συνηθισμένο μας γιορτινό τραπέζι με τα φύλλα από μπανανιά. Να μου λείπει το σκι! δηλώνει ο Ουμαρού.

–Το ίδιο κι εγώ, λέει ο Σέμπο – που έχει πάντα την ίδια γνώμη με το μεγάλο του αδερφό.

11 Δεκεμβρίου

Η παιχνιδομηχανή

Σε λίγο φτάνουν τα Χριστούγεννα και στο σπίτι του Αϊ-Βασίλη στο Βόρειο Πόλο ο καλός άγιος κι η γυναίκα του τρέχουν και δε φτάνουν! Ο άγιος μπαίνει στο εργαστήρι των νάνων για να τους δώσει τον κατάλογο με τα δώρα, που χρειάζεται για φέτος, και το βρίσκει άδειο! Και πάνω στον πάγκο το μεγάλο βρίσκει ένα σημείωμα:

«Αγαπητέ Αϊ-Βασίλη, εμείς οι νάνοι βαρεθήκαμε να σου φτιάχνουμε τα δώρα σου κάθε χρόνο. Τα φτιάχνουμε όλα στο χέρι και κουραζόμαστε πολύ. Αποφασίσαμε, λοιπόν, να κάνουμε απεργία, για να μας πάρεις μηχανές, που θα μας βοηθάνε στη δουλειά μας. Ώσπου να γίνει αυτό, θα πάρουμε άδεια, που την αξίζουμε και με το παραπάνω. Πάμε κάπου που να 'χει ήλιο και ζέστη. Καλή τύχη. Ελπίζουμε να σε ξαναδούμε σύντομα.
Οι νάνοι».

Διαβάζοντας το γράμμα των νάνων, ο Αϊ-Βασίλης πέφτει σε μεγάλη περισυλλογή και

δεν ξέρει τι να κάνει. Του λέει, λοιπόν, η γυναίκα του:
–Γιατί δε ζητάς από το γίγαντα μάστορα να σου φτιάξει μια παιχνιδομηχανή;
Μια και δυο, πηγαίνει ο Αϊ-Βασίλης στο φίλο του, το γίγαντα μάστορα, που ζει στο βουνό.
–Έλα πάλι αύριο, Αϊ-Βασίλη, του λέει ο φίλος του. Θα σου έχω έτοιμη την παιχνιδομηχανή σου.
Ήσυχος ο Αϊ-Βασίλης γυρίζει σπίτι του και βρίσκει τη γυναίκα του... παρέα με τους νάνους, που δεν είχαν φύγει! Το γράμμα ήταν φάρσα!
–Με τρομάξατε, τους λέει. Αλλά η ιδέα σας ήταν καλή. Ζήτησα από το γίγαντα μάστορα να φτιάξει μια παιχνιδομηχανή για να σας βοηθάει!
–Τι καλά! λένε με μια φωνή οι νάνοι.
Την άλλη μέρα ο Αϊ-Βασίλης πηγαίνει στο γίγαντα και γυρίζει φορτωμένος με ένα πελώριο δέμα: είναι η παιχνιδομηχανή!
Όλοι στριμώχνονται γύρω του κι εκείνος διαβάζει τις οδηγίες.
–Είναι πανεύκολη: δεν έχουμε παρά να βάλουμε τον κατάλογο με τα δώρα μέσα σ' αυτή τη σχισμή, το πολύχρωμο χαρτί και τις κορδέλες στην άλλη. Και τα δώρα θα βγουν τυλιγμένα και με τις ετικέτες τους, έτοιμα!
–Και τι καίει αυτή η μηχανή για να δουλέψει; ρωτάει η γυναίκα τού Αϊ-Βασίλη.
–Μμμμμ... για να δούμε, λέει ο Αϊ-Βασίλης και ξαναδιαβάζει προσεκτικά τις οδηγίες. Λοιπόν, αυτή η μηχανή καίει γένια νάνων!
Μ' αυτά τα λόγια, βγάζει ένα θεόρατο ψαλίδι από το

συρτάρι του και πλησιάζει τους νάνους:
–Μη φοβόσαστε! Έτσι κι αλλιώς τα γένια σας θα 'χουν μακρύνει ξανά μέχρι του χρόνου τέτοια εποχή!
Οι νάνοι, όμως, είναι τρομοκρατημένοι!
–Βοήθεια! τσιρίζουν και σκορπίζουν τρέχοντας, για να ξεφύγουν από τον Αϊ-Βασίλη κι από το ψαλίδι του. Χωρίς τα γένια μας είμαστε πολύ άσχημοι! Τι θα πουν οι γυναίκες μας όταν μας δουν;

Ο Αϊ-Βασίλης βάζει τότε τα γέλια.
–Εντάξει, εντάξει! Μην κάνετε έτσι! Για να γελάσουμε το είπα! Ήθελα κι εγώ να σας κάνω μια φάρσα! Αυτή η μηχανή καίει βελόνες από έλατο. Τρέξτε, λοιπόν, στο δάσος, να μου φέρετε δυο-τρεις τόνους!
Ουφ! Οι νάνοι πήραν μεγάλη τρομάρα. Η παιχνιδομηχανή τελικά πήρε μπρος! Και τώρα πήγαν όλοι να πιουν μια ζεστή σοκολάτα, περιμένοντας τα έτοιμα δώρα! Όλα είναι καλά όταν τελειώνουν καλά!

12 Δεκεμβρίου

Οι γαλοπούλες στην Αμερική

Η Ρομπέρτα και η Καπουτσίνα, οι δίδυμες γαλοπούλες, ζούσαν σ' ένα αγρόκτημα μαζί με πολλές άλλες γαλοπούλες, χήνες, κότες, πάπιες, κουνέλια και γουρουνάκια... Αλλά μια μέρα η Ρομπέρτα άκουσε το χωρικό να λέει ότι θα τις πουλούσε όλες για τα Χριστούγεννα!

–Α, δεν είναι ζωή αυτή! γκρίνιαξε η Καπουτσίνα.

–Μας αξίζει καλύτερη τύχη! συμφώνησε η αδερφή της. Εμπρός, φεύγουμε! Πάμε στην Αμερική, που είναι η χώρα της ελευθερίας.

Την άλλη μέρα κιόλας οι δυο αδερφές πήραν το αεροπλάνο και πήγαν στην Αμερική.

Ο πρώτος που συνάντησαν ήταν ένας καουμπόης, που φύλαγε τα γελάδια του.

–Καλημέρα, του είπαν.

–Μμμμ... δε θα ’λεγα όχι σε μια νόστιμη ψητή γαλοπούλα. Κι όπου να ’ναι πλησιάζει η γιορτή των Ευχαριστιών... μουρμούρισε ο καουμπόης και έβγαλε το λάσο του.
Στο τσακ πρόλαβαν η Ρομπέρτα και η Καπουτσίνα να του ξεφύγουν...
Από κει κι ύστερα ούτε να ακούσουν δεν ήθελαν για καουμπόηδες και κοπάδια. Έτσι αποφάσισαν να πάνε να ζήσουν με τους Ινδιάνους. Βρήκαν, λοιπόν, ένα ινδιάνικο χωριό. Στη μέση τώρα υπήρχε ένα ξύλινο άγαλμα, το τοτέμ. Και πάνω στο τοτέμ είδαν σκαλισμένη... μια γαλοπούλα.
–Κοίτα, Ρομπέρτα, είπε η Καπουτσίνα στην αδερφή της. Οι Ινδιάνοι μάς έχουν για θεές! Δεν πρόκειται να μας φάνε!
Μια και δυο, παρουσιάστηκαν στο μεγάλο αρχηγό, το Βρεμένο Κάστορα, που φορούσε στο κεφάλι του ένα φοβερό καπέλο, φτιαγμένο από χιλιάδες φτερά!
–Ουγκ! είπε ο Βρεμένος Κάστορας.
–Μεγάλε αρχηγέ, τα χλομά πρόσωπα θέλουν να μας ψήσουν και να μας φάνε την ημέρα των Χριστουγέννων. Οι καουμπόηδες θέλουν να μας φάνε την ημέρα των Ευχαριστιών. Γι’ αυτό ήρθαμε να σου ζητήσουμε φιλοξενία, του απάντησε η Ρομπέρτα.
Ο μεγάλος αρχηγός απάντησε κάτι που

έμοιαζε ευγενικό. Κι όλοι οι Ινδιάνοι χαμογελούσαν ευχαριστημένοι. Μα, όταν η Ρομπέρτα κοίταξε καλύτερα, κατάλαβε ότι το πουλί στο τοτέμ δεν ήταν γαλοπούλα, αλλά αετός. Και λίγο αργότερα είδε μια γυναίκα να τις κοιτάζει και να ξερογλείφεται, ενώ μια άλλη είχε βάλει νερό να βράζει σε ένα καζάνι και μέσα έριχνε ντομάτες και κρεμμύδια κι άλλα λαχανικά....

Η Ρομπέρτα τότε γύρισε και είπε στο Βρεμένο Κάστορα:

–Χμ, ουγκ, μεγάλε αρχηγέ, η αδερφή μου κι εγώ πρέπει να φύγουμε αμέσως!

Ο αρχηγός των Ινδιάνων θύμωσε κι έβαλε τις φωνές:

–Εδώ και αιώνες η φυλή μου κυνηγάει γαλοπούλες και τρώει το κρέας τους!

Το 'βαλαν τότε στα πόδια η Ρομπέρτα και η Καπουτσίνα, άνοιξαν τα φτερά τους και βρήκαν καταφύγιο στα κλαδιά ενός δέντρου. Εκεί κοιμήθηκαν ως το πρωί. Κι όταν ξύπνησαν, η Ρομπέρτα είπε:

–Πολύ καιρό είχα να κοιμηθώ έτσι καλά!

–Χμμμ... Ναι! Μυρίζει μυρτιά κι είναι πολύ όμορφα εδώ. Είχες δίκιο τελικά. Η Αμερική είναι παράδεισος! συμφώνησε η Καπουτσίνα.

Οι δυο δίδυμες αδερφές έμειναν τελικά στο δάσος μαζί με τ' άγρια ζώα. Και γιόρτασαν παρέα πολλά πολλά Χριστούγεννα.

13 Δεκεμβρίου

Η σπουδαία αποστολή του Ροδόλφου

–Μα την αλήθεια, και μα τα κέρατα των αγαπημένων μου ταράνδων, δε βλέπω ούτε τη μύτη μου! Δε βλέπω ούτε την άκρη της γενειάδας μου! Τι σκοτάδι είναι αυτό; λέει ο Αϊ-Βασίλης ένα πρωί του Δεκέμβρη. Μήπως ο ήλιος ξέχασε ν' ανατείλει;

Κι αλήθεια εκείνο το πρωί χιόνιζε τόσο πολύ στο Βόρειο Πόλο, που κανένας δεν ήθελε να βγει έξω στην παγωνιά, ούτε οι τάρανδοι ούτε ο Αϊ-Βασίλης!

–Ναι, αλλά τα δώρα πρέπει να τα μοιράσω! Τι θα κάνω;

Πηγαίνει, λοιπόν, ο Αϊ-Βασίλης στο στάβλο, βρίσκει τους τάρανδους να κοιμούνται στη ζεστασιά και τους ξυπνάει όλους.

–Φίλοι μου, τους λέει, έχουμε πρόβλημα μεγάλο: έξω χιονίζει τόσο πολύ, που δεν μπορεί να δει κανείς ούτε τη μύτη του. Πώς θα καταφέρουμε να βρούμε το δρόμο μας μέσα στη χιονοθύελλα;

–Ε, φέτος δε θα πάμε πουθενά! Τόσο το χειρότερο για τα δώρα, λέει ο πρώτος τάρανδος. Θα περάσουμε τα Χριστούγεννα οικογενειακά! Στα ζεστά μας, με το κρασάκι μας και τα γλυκάκια μας!

–Αποκλείεται! Ο Αϊ-Βασίλης έχει υποχρέωση να μοιράσει τα δώρα, με βροχή, με χιόνι, με αέρα, ή και με τα τρία μαζί! λέει ο δεύτερος τάρανδος, που ήταν πρόσκοπος στα νιάτα του, και προτείνει να προχωρήσουν με την πυξίδα.

–Και πώς θα τη βλέπεις τη βελόνα της πυξίδας μ' αυτό τον παλιόκαιρο; αναρωτιέται ο τρίτος τάρανδος και ευθύς αμέσως ρωτάει μήπως κάποιος μπαμπάς παρήγγειλε GPS για το αυτοκίνητό του, για να το βάλουν στο έλκηθρο του Αϊ-Βασίλη.

–Και τι θα του δώσουμε του ανθρώπου; Ένα GPS μεταχειρισμένο; Χιονισμένο; Εξάλλου αυτά τα GPS τα συνδέουν στις μπαταρίες των αυτοκινήτων. Κι απ' όσο ξέρω, το έλκηθρό μου δεν έχει μπαταρία! Το τραβάτε εσείς!

–Γιατί δε βάζουμε μπροστά το Ροδόλφο; Ο Ροδόλφος έχει κόκκινη μύτη και μάτια αετού! Αυτός θα μας οδηγήσει ως τις καμινάδες των παιδιών! λέει ο τέταρτος τάρανδος.

Ο Ροδόλφος είναι ο πιο μικρός τάρανδος. Έχει κόκκινη μύτη, γιατί είναι συχνά συναχωμένος. Κι επειδή, ας τ' ομολογήσουμε κι αυτό, επειδή του αρέσουν πολύ τα σοκολατάκια με το λικέρ!

–Καλή ιδέα! λέει ο Αϊ-Βασίλης. Άντε να φέρετε το Ροδόλφο!

Δεν είναι εύκολο να σηκώσουν το Ροδόλφο από τα ζεστά του άχυρα.

Μα, όταν ο Αϊ-Βασίλης τού εξηγεί τη σπουδαία αποστολή που θέλει να του αναθέσει, ο Ροδόλφος δέχεται όλο καμάρι.

–Θα σας οδηγήσω όλους, θα δείτε! λέει και φοράει την αγωνιστική στολή του: ζεστά ρούχα του σκι, μάσκα για να προστατεύει τα μάτια του από το χιόνι και σκούφο. Κι είναι έτοιμος να τα βάλει με τη χιονοθύελλα.

Έτσι έγινε, κι αυτά τα χιονισμένα Χριστούγεννα ένας μικρός τάρανδος με κόκκινη μύτη έσωσε τον Αϊ-Βασίλη και τα δώρα των παιδιών!

14 Δεκεμβρίου

Το ρεβεγιόν του χορτοφάγου βαμπίρ

Ο Έκτορας το βαμπίρ σιχαίνεται το κόκκινο κρέας. Σιχαίνεται και το αίμα. Τρελαίνεται όμως για τραγανά λαχανικά, για νόστιμα φρούτα και για ζεστές σούπες. Με λίγα λόγια, ο Έκτορας είναι χορτοφάγος!

Στον πύργο, λοιπόν, της Τρανσυλβανίας η ζωή του είναι δύσκολη... Ο Έκτορας κάνει δήθεν πως τρώει, για να μην προσβάλει το Δράκουλα! Στην πραγματικότητα, όμως, κρύβει τα κομμάτια κρέας στην κάπα του. Μια νύχτα του Δεκέμβρη δε βλέπει μπροστά του από την πείνα. Σαν τη νυχτερίδα βγαίνει αθόρυβα από τον πύργο και

πετώντας πηγαίνει μέχρι το χωριό, με την ελπίδα ότι εκεί θα βρει καμιά σαλάτα ή κανένα φρούτο να βάλει στο στόμα του.
Κοιτάζοντας από τα παράθυρα μέσα στα σπίτια, όμως, νιώθει φρίκη: γιατί όλοι οι χωρικοί είναι μαζεμένοι γύρω από τα τραπέζια τους και τρώνε ψητές γαλοπούλες, πάπιες και χήνες. Ο Έκτορας, βλέπετε, δεν ξέρει ότι το βράδυ εκείνο είναι παραμονή Χριστουγέννων!
Το μικρό βαμπίρ φτάνει τελικά στο τελευταίο σπίτι του χωριού και κοιτάζει από το παράθυρο. Στο τραπέζι βλέπει καθισμένους έναν άντρα, μια γυναίκα και τα τρία μικρά παιδιά τους. Και στο τραπέζι... ο Έκτορας τρίβει τα μάτια του έκπληκτος... στο τραπέζι έχουν μόνο μια σουπιέρα γεμάτη λαχανόσουπα! Του τρέχουν τα σάλια, δεν μπορεί να κρατηθεί... και μπαίνει μέσα!
Όταν ο πατέρας βλέπει αυτό το πλάσμα της νύχτας και καταλαβαίνει τι είναι, παίρνει μια πλεξίδα σκόρδα και προσπαθεί να το διώξει. Ο Έκτορας, όμως, κόβει ένα τραγανό σκορδάκι και το μασουλάει με ευχαρίστηση. Ο χωρικός τα χάνει.
–Τρως... τρως σκόρδα; Μα πώς μπορείς; Το σκόρδο χαλάει τη γεύση του αίματος!
–Ακριβώς! Εγώ το αίμα δεν το αντέχω! απαντά ο Έκτορας. Εμένα μ' αρέσουν τα λαχανικά, τα

φρούτα, οι σαλάτες... Είμαι χορτοφάγος, καταλαβαίνετε; Και η σούπα σας, κυρία μου, ευωδιάζει... Είστε οι μόνοι που δεν τρώτε κρέας απόψε σ' όλο το χωριό!

–Α, είναι Χριστούγεννα απόψε, τραυλίζει η μητέρα. Κι όλο το χωριό τρώει πάπιες και χήνες ψητές. Εμείς, όμως, είμαστε πολύ φτωχοί και δεν είχαμε ν' αγοράσουμε ούτε κοτόπουλο!

Βγάζει αμέσως ο Έκτορας από την κάπα του τη γεμιστή γαλοπούλα και την πηχτή, που είχε κρύψει από το δείπνο στον πύργο, τα βάζει στο τραπέζι και ρωτάει μ' ευγένεια:

–Αν σας προσφέρω αυτά τα φαγητά, κυρία μου, μου επιτρέπετε να πάρω λίγη από τη σούπα σας;

Οι γονείς και τα παιδιά κοιτάζουν με όρεξη το κρέας. Κάθονται όλοι μαζί γύρω από το τραπέζι. Τη στιγμή εκείνη το ρολόι χτυπάει μεσάνυχτα. Κι ο πατέρας, χαμογελώντας, λέει:

–Ακούστε, παιδιά! Είναι μεσάνυχτα. Στη Ρουμανία είναι η ώρα που βγαίνουν οι νυχτερίδες! Και τα βαμπίρ!

Το βαμπίρ και τα παιδιά βάζουν τα γέλια. Αυτό το ρεβεγιόν ήταν η αρχή μιας όμορφης φιλίας, γεμάτης σούπες, σαλάτες και λαχανικά.

15 Δεκεμβρίου

Οι τάρανδοι στην Αυστραλία

Απόψε είναι Χριστούγεννα και στην Αυστραλία ο Νανγκούκ, ο μικρός ιθαγενής, περιμένει με ανυπομονησία. Ξαφνικά χτυπάει η πόρτα της καλύβας: είναι ο Αϊ-Βασίλης! Είναι καταϊδρωμένος κι έχει ύφος σαστισμένο:

–Μικρέ μου Νανγκούκ! λέει, πρέπει να με βοηθήσεις! Εδώ έχετε καλοκαίρι και οι τάρανδοι ζεσταίνονται πολύ. Δεν αντέχουν άλλο να σέρνουν το έλκηθρο. Είναι στο καφενείο και πίνουν λεμονάδες! Χρυσούς τους έκανα, αλλά αρνούνται να συνεχίσουν! Πρέπει να βρω άλλα ζώα να σύρουν το έλκηθρο, γιατί, αν δε μοιράσω τα δώρα πριν από

τα μεσάνυχτα, πάω χαμένος!
Ο Ναγκούκ πηγαίνει και βρίσκει τους φίλους του τα ζώα. Πηγαίνει πρώτα στα κοάλα.
–Για πείτε μου, ρωτάει, μπορείτε εσείς να σύρετε το έλκηθρο του Αϊ-Βασίλη;
–Αχ, μικρέ μου Ναγκούκ, απαντούν τα κοάλα, εμείς ζούμε πάνω στα δέντρα! Στο χώμα δεν έχουμε δύναμη να τρέξουμε. Αν σύρουμε το έλκηθρο του Αϊ-Βασίλη, τα δώρα θα φτάσουν του χρόνου!
Τρέχει τότε ο Ναγκούκ στα πουλιά κουκαμπούρα, που τρώνε φίδια.
–Αχ, Ναγκούκ, του απαντούν τα κουκαμπούρα, εμείς μόνο να πετάμε ξέρουμε. Με τα γκέμια δε θα μπορούμε ούτε ν' ανοίξουμε τα φτερά μας. Θα σου λέγαμε να ρωτήσεις τις στρουθοκάμηλους, αλλά λείπουν. Έχουν πάει επίσκεψη στις ξαδέρφες τους, στην Αφρική!
Ο Ναγκούκ δε χάνει το θάρρος του. Φεύγει, πηγαίνει στον ορνιθόρυγχο και του κάνει την ίδια ερώτηση.
–Εγώ ξέρω καλό κολύμπι, αλλά στη γη δεν τα καταφέρνω καθόλου καλά, αποκρίνεται ο ορνιθόρυγχος. Ο φίλος μου, ο διαβολάκος της Τασμανίας, θα μπορούσε σίγουρα να βοηθήσει. Αλλά είναι παλιοχαρακτήρας και θ' αρνηθεί σίγουρα.
Ο Ναγκούκ φεύγει τότε για την έρημο. Εκεί ρωτάει πρώτα το σκορπιό.
–Αχ, μικρέ μου, εμείς είμαστε πολύ μικροσκοπικοί, δε θα μπορέσουμε να το κουνήσουμε καθόλου το φορτωμένο έλκηθρο.

Ακόμα κι αν μαζευτούμε όλοι μαζί, δεν είναι δυνατόν να κουβαλήσουμε παραπάνω από ένα δώρο τη φορά!

Τώρα πια ο Νανγκούκ χάνει το θάρρος του. Κάθεται σ' ένα βραχάκι κι αρχίζει να κλαίει:

–Φέτος κανένας δε θα πάρει δώρο! αναστενάζει με δάκρυα στα μάτια.

Πάνω στην ώρα εμφανίζεται δίπλα του μια σαύρα.

–Μην κλαις, μικρέ Νανγκούκ, του λέει. Ούτε εμείς οι σαύρες μπορούμε να σε βοηθήσουμε. Αλλά γιατί δε ρωτάς τα καγκουρό;

Το πρόσωπο του Νανγκούκ φωτίζεται:

–Βέβαια! Τα καγκουρό! Πώς δεν τα σκέφτηκα;

Μ' αυτά τα λόγια, πετιέται όρθιος και τρέχει στο δάσος όπου ζουν τα καγκουρό.

–Ασφαλώς και μπορούμε να σε βοηθήσουμε! Έπρεπε να 'ρθεις αμέσως σ' εμάς!

Κι έτσι φέτος στην Αυστραλία το έλκηθρο του Αϊ-Βασίλη το σέρνουν έξι υπέροχα καγκουρό!

16 Δεκεμβρίου

Τίποτα δε σταματάει τον Αϊ-Βασίλη!

Κάνει τόση παγωνιά φέτος στο Κεμπέκ του Καναδά, που οι άνθρωποι αναρωτιούνται αν θα καταφέρει ο Αϊ-Βασίλης να έρθει στον τόπο τους.

–Ο καιρός έχει χειροτερέψει πολύ τις τελευταίες μέρες! Η χιονοθύελλα δε σταματάει λεπτό κι όποιος βγαίνει έξω δε βλέπει ούτε την άκρη της μύτης του! Φυσάει κι ένα ξεροβόρι, που σου παγώνει την ψυχή! Ο Αϊ-Βασίλης δε θα μπορέσει να ’ρθει φέτος, θα το δείτε! Βάζω και στοίχημα!

–Κάνεις λάθος, μπαμπά, λέει ο μικρός Ματιέ. Εγώ είμαι σίγουρος ότι θα έρθει, ο Αϊ-Βασίλης δε φοβάται ούτε κακοκαιρία ούτε τίποτα. Είμαι σίγουρος ότι θα έρθει, θα το δεις. Τίποτα δεν τον σταματάει!

–Α, Ματιέ, κατάλαβέ το! Κανένας δεν μπορεί ν’ αψηφήσει το χιονιά! Αν ο Αϊ-

Βασίλης τολμήσει να βγει έξω με τέτοιο καιρό, θα πουντιάσει! Θα συναχωθεί! Θα αρρωστήσει!

–Ο Αϊ-Βασίλης δε φοβάται ούτε συνάχια ούτε αρρώστιες ούτε τίποτα!

–Και το έλκηθρο; Πώς θα πάρει μπροστά το έλκηθρό του; Οι μηχανές δε δουλεύουν με τέτοιο κρύο! Η βενζίνη παγώνει!

–Ο Αϊ-Βασίλης δεν έχει μηχανή στο έλκηθρό του. Το σέρνουν οι τάρανδοι! Τι τον νοιάζει, λοιπόν, για τη βενζίνη που παγώνει;

–Α, σ' όλα έχεις έτοιμη την απάντηση! Αλλά να το ξέρεις: ούτε οι τάρανδοι δε θα θέλουν να ταξιδέψουν με τέτοιο καιρό. Θα κάτσουν ωραία και καλά στο στάβλο τους και στη ζεστασιά τους!

–Μπαμπά, λες κουταμάρες! Δε γίνεται να μην έρθει ο Αϊ-Βασίλης! Δε γίνεται! Θα 'ρθει – και μαζί του θα 'ρθουν και οι τάρανδοι!

Αυτά είπε ο Ματιέ κι έτρεξε να κλειστεί στο δωμάτιό του.

–Έλα τώρα, Ματιέ! Μην κάνεις σαν μωρό! τον καλοπιάνει ο μπαμπάς του έξω από την πόρτα. Εγώ σου το εύχομαι μ' όλη μου την καρδιά να 'ρθει ο Αϊ-Βασίλης! Μ' όλη μου την καρδιά!

Το βράδυ, όμως, στο κρεβάτι, τον Ματιέ τον βασανίζουν αμφιβολίες και φόβοι. Κι αν τελικά ο Αϊ-Βασίλης δεν έρθει; Σηκώνεται, λοιπόν, απ' το κρεβατάκι του και του μιλάει μέσα στη νύχτα:

–Άγιε μου Βασίλη, σε παρακαλώ, έλα! Θα σου δώσω τις χοντρές γούνινες μπότες μου και το πιο ζεστό μου μπουφάν! Θα σου δώσω τρία ζευγάρια κάλτσες και τ' αγαπημένα μου γάντια, για να μην κρυώσεις! Κι έτσι ούτε θ' αρρωστήσεις ούτε τίποτα! Μη φοβάσαι! Έλα, σε παρακαλώ!

Την άλλη μέρα το πρωί ο Ματιέ τρέχει στο στολισμένο έλατο. Και να! Ένα σωρό δώρα τον περιμένουν. Κι όλα τα ζεστά ρούχα του Ματιέ έχουν εξαφανιστεί μέσα από την ντουλάπα του!

–Τι καλά, τι καλά! πανηγυρίζει ο μικρός. Ο Αϊ-Βασίλης ήρθε! Είδες, μπαμπά; Εγώ σ' το είχα πει ότι θα ερχόταν!

–Είχες δίκιο, γιε μου! Τίποτα δε σταματάει τον Αϊ-Βασίλη!

17 Δεκεμβρίου

Η αποκριάτικη Μπεφάνα από τη Βενετία

Είναι ο καιρός του καρναβαλιού στη Βενετία. Στη μεγάλη πλατεία του Αγίου Μάρκου, στο κέντρο της πόλης, είναι όλοι μασκαρεμένοι. Και τι πλούσιες στολές! Τι φανταχτερές μάσκες! Σταχτοπούτες, αρλεκίνοι, νεράιδες, ιππότες... Στη μέση αυτού του πολύχρωμου πλήθους να και μια γριά μάγισσα με τη σκούπα της.

–Αυτή τι είναι ντυμένη; ρωτάει ένα παιδί από την Αμερική.

–Είναι ντυμένη Μπεφάνα, του αποκρίνεται ο Ιταλός φίλος του. Η Μπεφάνα είναι μια καλή μάγισσα που έρχεται στη Βενετία τα Χριστούγεννα: φέρνει καραμέλες στα φρόνιμα παιδιά και καρβουνάκια στ' άτακτα παιδιά.

Η γριούλα τότε βάζει τις φωνές:

–Δεν είμαι ντυμένη Μπεφάνα, μικρέ ανάγωγε! Είμαι η Μπεφάνα! Η πραγματική!

Ο κόσμος γελάει.

–Σ' αρέσουν τ' αστεία, ε; Λοιπόν, δεν είσαι η χριστουγεννιάτικη Μπεφάνα! Είσαι η αποκριάτικη Μπεφάνα! Αφού έχουμε Φεβρουάριο μήνα!

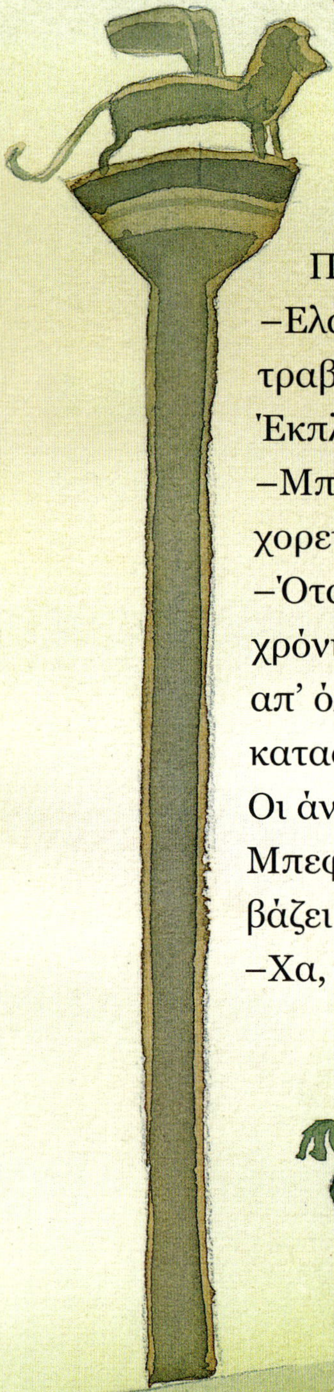

Θυμωμένη η Μπεφάνα ανοίγει το σακουλάκι, που έχει δεμένο στη ζώνη της, και πετάει γύρω της καρβουνάκια.

–Μπράβο, Μπεφάνα! της φωνάζουν όλοι. Μασκαρεύτηκες τέλεια! Δεν ξέχασες τίποτα!

Τη στιγμή εκείνη τα βιολιά αρχίζουν να παίζουν ένα βαλς.

Πλησιάζει τότε ένας διάβολος τη μάγισσα και της λέει:

–Ελάτε, μη θυμώνετε! Ας χορέψουμε αυτόν το χορό! Και την τραβάει στην πίστα.

Έκπληξη! Η Μπεφάνα αρχίζει να χορεύει με χάρη και κέφι.

–Μπράβο, γιαγιά, της φωνάζει ο κόσμος, σαν κοπελίτσα χορεύεις!

–Όταν έκανα τα πρώτα μαθήματα χορού, πριν από 8.700 χρόνια, ήμουν η καλύτερη στην τάξη μου. Η καλύτερη χορεύτρια απ' όλες τις μάγισσες. Τώρα έχω ρευματισμούς, αλλά τα καταφέρνω ακόμα μια χαρά!

Οι άνθρωποι γύρω της αρχίζουν ν' αναρωτιούνται! Ξαφνικά η Μπεφάνα βλέπει ένα γέρο γονδολιέρη ντυμένο Αϊ-Βασίλη και βάζει τα γέλια.

–Χα, χα, χα! Νεαρέ μου, νομίζεις πως μοιάζεις με τον Αϊ-Βασίλη;

Λοιπόν, κάνεις μεγάλο λάθος! Ο Αϊ-Βασίλης δεν είναι καθόλου έτσι! Είναι φίλος μου! Ταξιδεύουμε μαζί τα τελευταία 1.000 χρόνια. Κάθε Σάββατο είμαι καλεσμένη για φαγητό στο σπίτι του!
Κανένας πια δεν τολμάει να την κοροϊδέψει...
Ο γονδολιέρης βγάζει το κόκκινο σκουφί του και τη χαιρετάει.
–Κυρία Μπεφάνα, αν είναι αλήθεια αυτά που λέτε, τότε θέλω να σας πω ένα μεγάλο ευχαριστώ για όλες τις καραμέλες που μου φέρατε όταν ήμουν παιδί.
–Κι εγώ, κι εγώ! φωνάζουν όλοι οι Ιταλοί.
–Μα δεν υπάρχει λόγος! Η χαρά ήταν όλη δική μου! λέει συγκινημένη η Μπεφάνα. Μη με ευχαριστείτε, παιδιά!
–Θέλετε να σας πάω βαρκάδα με τη γόνδολα; προτείνει ο γονδολιέρης.
–Α, όχι! Εγώ πάω παντού με τη σκούπα μου, μικρέ μου! Κι η Βενετία είναι ακόμα πιο όμορφη όταν τη βλέπεις από ψηλά!
Μ' αυτά τα λόγια, η γριά καβαλάει τη σκούπα της και σηκώνεται σιγά σιγά στον αέρα. Μερικά περιστέρια τής πλατείας τη συνοδεύουν. Ο κόσμος κουνάει μαντίλια.
–Γεια σου, Μπεφάνα!
Τότε η μάγισσα ανοίγει το σακουλάκι της και ρίχνει μια βροχή από πολύχρωμες καραμέλες πάνω στην πλατεία του Αγίου Μάρκου...

18 Δεκεμβρίου

Τα Χριστούγεννα του μαχαραγιά

Μια φορά στην Ινδία ήταν ένας μαχαραγιάς τόσο πλούσιος, που τα είχε όλα. Μα όλα. Το παλάτι του ήταν γεμάτο χρυσάφι, οι γυναίκες του ντυμένες με διαμάντια... ακόμα κι οι υπηρέτες του ήταν ντυμένοι σαν πρίγκιπες. Έστειλε, λοιπόν, ένα γράμμα στον Αϊ-Βασίλη:

«Αγαπητέ Αϊ-Βασίλη, φέτος μην κάνεις τον κόπο να έρθεις. Γιατί έχω απ' όλα και δε μου χρειάζεται τίποτα».

Ο Αϊ-Βασίλης διάβασε το γράμμα και θύμωσε πολύ:

–Αυτό δεν είναι δυνατόν! Ποιος νομίζει ότι είναι και δε θέλει τα δώρα μου; Ο αγενέστατος! Να φερθεί έτσι σ' εμένα!

Μετά, όμως, ηρέμησε και είπε στους νάνους του:

–Αυτός ο άνθρωπος πρέπει να είναι πολύ δυστυχισμένος. Όποιος δε θέλει τίποτα είναι

μέσα στη δυστυχία και στη συμφορά. Πρέπει να του δώσουμε να καταλάβει ότι έχει άδικο. Και να του χαρίσουμε έστω κι ένα μικρό πραγματάκι, που να το χρειάζεται και να μην το ξέρει.
Τότε ο Αϊ-Βασίλης έστησε το πανίσχυρο τηλεσκόπιό του και βάλθηκε να επιθεωρεί το παλάτι του μαχαραγιά.
–Ρούχα; Μπα! Βλέπω τουλάχιστον δέκα ντουλάπες και είκοσι μπαούλα! Φίσκα όλα! Κανένα μπιμπελό; Μα τι λέω! Αυτός έχει μπιμπελό ακόμα και στο μπάνιο! Έχει ελέφαντες από φίλντισι και βούδες από μπρούντζο... Α, το βρήκα! Κάτι θα του λείπει από την κουζίνα του, για να δω... Μπα, όχι! Εκατό κατσαρόλες, δέκα πορσελάνινα σερβίτσια, δώδεκα σερβίτσια μαχαιροπίρουνα ασημένια. Εντάξει. Λοιπόν... Μάλιστα. Δε θα 'χει εργαλείο για να φτιάχνει βάφλες! Ε, δεν το πιστεύω, έχει! Έχει ένα εκεί στη γωνία. Και μάλιστα χρυσό! Τέλος πάντων!
Δυο μέρες έψαχνε ο Αϊ-Βασίλης με το τηλεσκόπιό του. Έψαξε σε κάθε γωνιά του παλατιού. Αλλά δε βρήκε τίποτα να λείπει: ο μαχαραγιάς τα είχε όλα. Μα όλα. Ο Αϊ-Βασίλης απογοητεύτηκε:
–Δίκιο έχει ο άθλιος. Τίποτα δεν του λείπει. Δεν ξέρω τι να του χαρίσω!
Η γυναίκα του τότε, που περνούσε από κει, άκουσε το παράπονο του άντρα της.

–Καλέ μου άντρα, του είπε, γιατί δεν του χαρίζεις κάτι παλιό; Κάτι δικό του ίσως, που τώρα το 'χει χάσει;

–Μα... και βέβαια! Τι καλή ιδέα! Σ' ευχαριστώ, γλυκιά μου. Τι θα 'κανα χωρίς εσένα; Θα ψάξω στην αποθήκη, που φυλάμε τα παλιά παιχνίδια.

Κι ο Αϊ-Βασίλης έτρεξε ευθύς αμέσως στην αποθήκη, όπου είχε συγκεντρωμένα όλα τα παλιά παιχνίδια. Αυτά που του στέλνουν οι άνθρωποι όταν δεν τα χρειάζονται πια. Ή όταν τα βρίσκουν πεταμένα. Έψαξε, έψαξε, έψαξε... και τελικά βρήκε έναν παλιό ξύλινο ελέφαντα ξεθωριασμένο. Κι είχε πάνω του μια ετικέτα που έγραφε: «Παιχνίδι ελεφαντάκι του μαχαραγιά».

Το πρωί της Πρωτοχρονιάς ο μαχαραγιάς τα 'χασε, όταν είδε δίπλα στο πελώριο τζάκι του ένα πακέτο με τ' όνομά του. Το άνοιξε. Κι όταν βρήκε μέσα τη Φάνια, το αγαπημένο του ελεφαντάκι απ' όταν ήταν παιδί, η καρδιά του πλημμύρισε χαρά.

–Είχες δίκιο, Αϊ-Βασίλη, είπε. Κάτι μου χρειαζόταν κι εμένα τελικά!

19 Δεκεμβρίου

Οι ματριόσκες του Σεργκέι και της Νατάσας

Κάθε χρόνο, στα βάθη της Ρωσίας, στο φτωχό σπιτάκι του Σεργκέι και της Νατάσας, γίνεται το ίδιο θαύμα. Αυτοί οι δύο χωρικοί έχουν ένα καλυβάκι μέσα στο μεγάλο δάσος της Σιβηρίας. Το καλύβι τους είναι μακριά, πολύ μακριά από τη Μόσχα, στην ερημιά. Όταν ήταν νέοι, δεν τους άρεσαν τα Χριστούγεννα. Γιατί ο Σεργκέι και η Νατάσα δεν είχαν παιδιά. Τα τελευταία χρόνια, όμως, περιμένουν κάθε χρόνο με ανυπομονησία το Δεκέμβρη. Γιατί τις γιορτινές μέρες γίνεται στο σπίτι τους ένα θαύμα...

Ο Σεργκέι και η Νατάσα έχουν την πιο όμορφη ματριόσκα (μπαμπούσκα) όλης της Ρωσίας. Είναι μια κουκλίτσα με ζωγραφιστή κοιλιά, μια ξύλινη χωριατοπούλα, κούφια. Κι αν την ανοίξεις, βρίσκεις μέσα της μια πιο μικρή ματριόσκα. Που ανοίγει κι αυτή και μέσα της έχει μια ακόμα πιο μικρή...

Η ματριόσκα του Σεργκέι και της Νατάσας, λοιπόν,

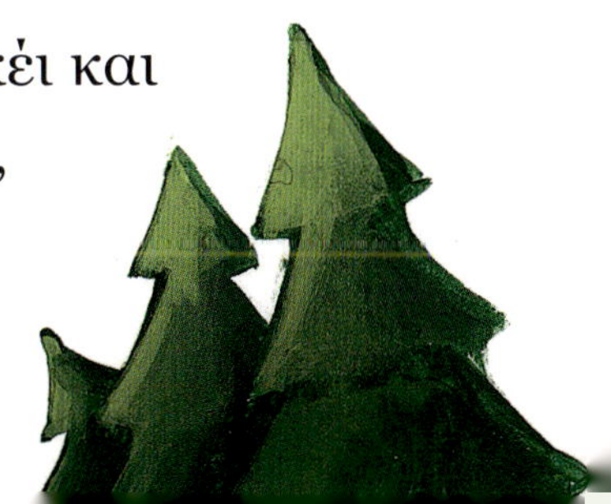

είναι ψηλή και μεγάλη κι έχει μέσα της πάνω από δεκαπέντε μικρότερες ματριόσκες. Μια ολόκληρη οικογένεια θυγατέρες κι εγγονούλες, δηλαδή! Ε, γι' αυτές τις κουκλίτσες έρχεται κάθε χρόνο ο Αϊ-Βασίλης. Μεσάνυχτα έρχεται ο καλός επισκέπτης ντυμένος στα κόκκινα και στα άσπρα. Κατεβαίνει από την καμινάδα, στέκεται μπροστά στο τζάκι, βγάζει από την τσέπη του ένα μικροσκοπικό δωράκι και ρωτάει την πιο μεγάλη ματριόσκα:

–Έχω ένα δώρο για την πιο μικρή κούκλα του σπιτιού. Μήπως είσαι συ;

Η πιο μεγάλη κούκλα, που τη λένε Ελένα, απαντάει:

–Ναι, ναι, εγώ είμαι...

Βάζει τα γέλια ο Αϊ-Βασίλης:

–Ψέματα λες! Για να ανοίξουμε να δούμε!

Κι ανοίγει την Ελένα και ρωτάει τη δεύτερη ματριόσκα, τη Σάσα:

–Έχω ένα δώρο για την πιο μικρή κούκλα του σπιτιού. Μήπως είσαι συ;

Εννοείται ότι όλες οι κούκλες με τη σειρά λένε ψέματα, γιατί θέλουν ν' ανοίξουν το μικροσκοπικό δωράκι. Μα ο Αϊ-Βασίλης τις ανοίγει τη μια μετά την άλλη, ως την τελευταία... Φέτος την πιο μικρή ματριόσκα τη λένε Κάτια.

Ο Αϊ-Βασίλης τη ρωτάει:
–Έχω ένα δώρο για την πιο μικρή κούκλα του σπιτιού. Μήπως είσαι συ;
Και η Κάτια λάμποντας από χαρά απαντάει:
–Ναι, ναι, εγώ είμαι!
Της δίνει τότε ο Αϊ-Βασίλης το μικρό δώρο. Η Κάτια το ανοίγει και μέσα βρίσκει... μια ακόμα πιο μικρή ματριόσκα!
–Χρόνια πολλά, εύχεται ο καλός άγιος. Αυτή είναι η μικρή σου αδερφούλα. Τη λένε Άννα. Και με αυτά τα λόγια βάζει την Άννα μέσα στην κοιλιά της Κάτιας.
Μετά παίρνει μία μία τις ματριόσκες και τις κλείνει στις θέσεις τους. Κι όταν τελειώσει, φεύγει με το έλκηθρό του διασχίζοντας τη χιονισμένη Σιβηρία. Θα ξανάρθει του χρόνου, μ' ένα δώρο που θα είναι για την... Άννα!
Έτσι γίνεται κάθε χρόνο. Κι ο Σεργκέι με τη Νατάσα βρίσκουν κάθε χρόνο μέσα στη ματριόσκα τους μια κουκλίτσα παραπάνω... Δεν καταλαβαίνουν πώς γίνεται αυτό το θαύμα. Αλλά ο Σεργκέι παίζει χαρούμενα τραγούδια στην μπαλαλάικα και η Νατάσα ετοιμάζει νόστιμα φαγητά για τη γιορτή. Έτσι έχουν ξαναβρεί τη χαρά τους οι δυο φτωχοί χωρικοί στα βάθη της Ρωσίας.

20 Δεκεμβρίου

Η πινιάτα-έκπληξη

Κοντεύουν τα Χριστούγεννα και στο Μεξικό, στο μικρό χωριό όπου ζει ο Εμιλιάνο. Φέτος, όμως, ο μικρός Εμιλιάνο είναι λυπημένος: διάβασε σ' ένα βιβλίο ότι τα παιδιά στις χώρες του βορρά παίζουν τις μέρες των Χριστουγέννων με το χιόνι. Ρωτάει, λοιπόν, τη μαμά του:

–Για πες μου, μαμά, θα ρίξει χιόνι κι εδώ;

–Όχι, Εμιλιάνο. Εδώ στο Μεξικό κάνει ζέστη. Δε χιονίζει, του απαντάει η μαμά του.

Γι' αυτό κι ο Εμιλιάνο είναι λυπημένος. Θα ήθελε πολύ να παίξει με το χιόνι, ας ήταν και για μια φορά μόνο! Η μαμά του δεν ξέρει πώς να τον παρηγορήσει. Ξάφνου, όμως, της έρχεται μια ιδέα: πάει και βρίσκει τον Πορφύριο, τον παγωτατζή του χωριού, που είναι και λίγο μάγος, λίγο ταχυδακτυλουργός...

Και φτάνουν τα Χριστούγεννα! Τα παιδιά τρέχουν στην πλατεία, όπου είναι κρεμασμένη η *πινιάτα*, η μεγάλη στάμνα που είναι γεμάτη καραμέλες, ζαχαρωτά, γλειφιτζούρια κι άλλες λιχουδιές. Τα παιδιά δένουν τα μάτια τους με μαντίλια και τη χτυπάνε με ραβδιά και μπαστούνια, ώσπου να τη ρίξουν κάτω και να τη σπάσουν.

πελώρια, λάμπει μ' όλα τα χρώματα του ουράνιου τόξου. Ποπό! πόσες καραμέλες θα 'χει εκεί μέσα...

Ο Εμιλιάνο δοκιμάζει πρώτος να τη ρίξει. Του δένουν τα μάτια, τον στριφογυρίζουν μερικές βόλτες γύρω από τον εαυτό του κι ύστερα πλησιάζει την *πινιάτα* με το μπαστούνι του στο χέρι. Χτυπάει... και ναι! Την πετυχαίνει! Η *πινιάτα* πέφτει, αναποδογυρίζει και από μέσα της χύνονται... όχι καραμέλες... αλλά άσπρη σκόνη!

–Καράμπα! φωνάζει ο Εμιλιάνο, βγάζοντας το μαντίλι από τα μάτια του. Αυτή η *πινιάτα* δεν είναι εντάξει! Είναι γεμάτη αλεύρι!

Ξάφνου κοιτάζει γύρω του και μένει με το στόμα ανοιχτό: η άσπρη σκόνη δεν είναι αλεύρι, είναι χιόνι! Χιόνι έχει σκεπάσει όλο το χωριό! Οι δρόμοι, οι σκεπές, τα σπίτια, τα δέντρα... όλα όπως στις εικόνες του βιβλίου του!

Ο Πορφύριος, ο παγωτατζής-μάγος, έκανε το θαύμα του! Πήγε στην κορυφή του βουνού και γέμισε το φορτηγάκι του με χιόνι, για να μπορέσουν να παίξουν τα παιδιά του χωριού χιονοπόλεμο. Τα παιδιά έχουν ήδη αρχίσει. Σύντομα ακολουθούν και οι γονείς τους. Σε λίγο μικροί και μεγάλοι παίζουν με το χιόνι.

Ο Εμιλιάνο πανηγυρίζει. Φέτος στο Μεξικό τα Χριστούγεννα ήταν συναρπαστικά!

Προσοχή στην προσγείωση!

–Αϊ-Βασίλης! Εδώ Αϊ-Βασίλης! Ζητάμε άδεια για προσγείωση! λέει ο καλός άγιος στον ασύρματο του ελκήθρου.

–Εδώ νησί Μπορακάι! Εδώ νησί Μπορακάι! Καλωσήρθες, Αϊ-Βασίλη! Δυστυχώς δεν μπορούμε να σου δώσουμε άδεια για προσγείωση. Δεν έχουμε αεροδρόμιο!

–Τι είναι αυτά που λέτε; Και τι θα κάνω εγώ; Έχω δώρα να παραδώσω!

–Πρέπει να ρίξετε τα δώρα! Άλλη λύση δεν υπάρχει!

–Να τα ρίξω; Θ' αστειεύεστε! Οι νάνοι μου έκαναν ώρες να τα τυλίξουν με πολύχρωμα χαρτιά κι όμορφες κορδέλες! Κι εσείς μου λέτε να τα πετάξω από 600 μέτρα ύψος; Θα σκιστούν! Θα σπάσουν! Άσε που μπορεί να πέσουν και στο νερό, γιατί δεν είμαι καλός στο σημάδι.

–Μην εκνευρίζεσαι, Αϊ-Βασίλη! Δε βγαίνει τίποτα με τα νεύρα! Άλλη λύση δεν υπάρχει!

Κι ο ασύρματος μένει βουβός.

–Α, μ' αυτούς τους ανθρώπους δεν είναι εύκολο να συνεργαστεί κανείς! Αγαπημένοι μου τάρανδοι, ας στύψουμε το μυαλό μας να βρούμε μια λύση γι' αυτό το ασυνήθιστο πρόβλημα. Πώς θα παραδώσουμε τα δώρα μας; Α, δε γίνεται αλλιώς! Θα κάνω πάλι τον Τζέιμς Μποντ! Θα δεθώ με τα λουριά σας και θα κρεμαστώ κάτω από το έλκηθρο. Κι εσείς θα κατεβείτε και θα πετάτε όσο πιο χαμηλά μπορείτε! Εμπρός!

Ο Αϊ-Βασίλης δένεται από τη ζώνη του, σαν αλπινιστής, κάνει ένα γερό κόμπο και ένα, δύο, τρία... πηδάει έξω από το έλκηθρο και κρεμιέται στο κενό. Το βάρος του τραβάει και τους τάρανδους και το έλκηθρο προς τα κάτω. Πέφτουν!

–Ανεβείτε, ανεβείτε πιο ψηλά, αλλιώς θα τσακιστούμε! φωνάζει ο άγιος στους ταράνδους του.

Τρέχουν οι τάρανδοι, καλπάζουν μ' όλη τους τη δύναμη στον αέρα, ιδρώνουν, λαχανιάζουν, τελικά τα καταφέρνουν. Παρά τρίχα!

–Λοιπόν, τώρα κατεβείτε σιγά σιγά!

Και οι τάρανδοι πλησιάζουν το νησί. Ο Αϊ-Βασίλης κρέμεται στην άκρη του σκοινιού του, αγγίζει σχεδόν το χώμα, αλλά ένα φύσημα του ανέμου

τον παρασέρνει προς τη θάλασσα και ένα κύμα τον κάνει μούσκεμα.
–Κοίτα να δεις που θα πνιγώ!
Οι τάρανδοι τον τραβούν προς το εσωτερικό του νησιού, μα, σμπααααμ... πέφτει πάνω σ' ένα φοίνικα. Ο καημένος βλέπει χίλιους νάνους να στριφογυρίζουν γύρω από το σκουφί του. Λιπόθυμος σχεδόν αφήνει τα δώρα από τα χέρια του κι αυτά σκαλώνουν στα κλαδιά της φοινικιάς, και οι τάρανδοι τον ανεβάζουν στο έλκηθρο τραβώντας μ' όλη τους τη δύναμη το σκοινί. Μα ο Αϊ-Βασίλης είναι ακόμα ζαλισμένος και οι τάρανδοι αποφασίζουν να τον πάνε αμέσως στο Βόρειο Πόλο, για να τον φροντίσει η γυναίκα του και να τον κάνει καλά. Ο μικρός τάρανδος με την κόκκινη μύτη φωνάζει «Πίουίουίου!» και το έλκηθρο γίνεται την ίδια στιγμή νοσοκομειακό και μεταφέρει τον τραυματία. Την άλλη μέρα το πρωί τα παιδιά στο νησί Μπορακάι ψάχνουν τα δώρα τους μέσα στα παπούτσια τους, αλλά δε βρίσκουν τίποτα.
–Κοιτάξτε! ο Αϊ-Βασίλης τα κρέμασε στη φοινικιά! Τον πονηρό! λένε.
Από τότε τη φοινικιά την ονόμασαν «δέντρο του Αϊ-Βασίλη». Όσο για τον ίδιο τον Αϊ-Βασίλη, δε θέλει ούτε ν' ακούει για εξωτικά νησιά και για φοινικιές. Και τις διακοπές του ακόμα στο Βόρειο Πόλο τις περνάει!

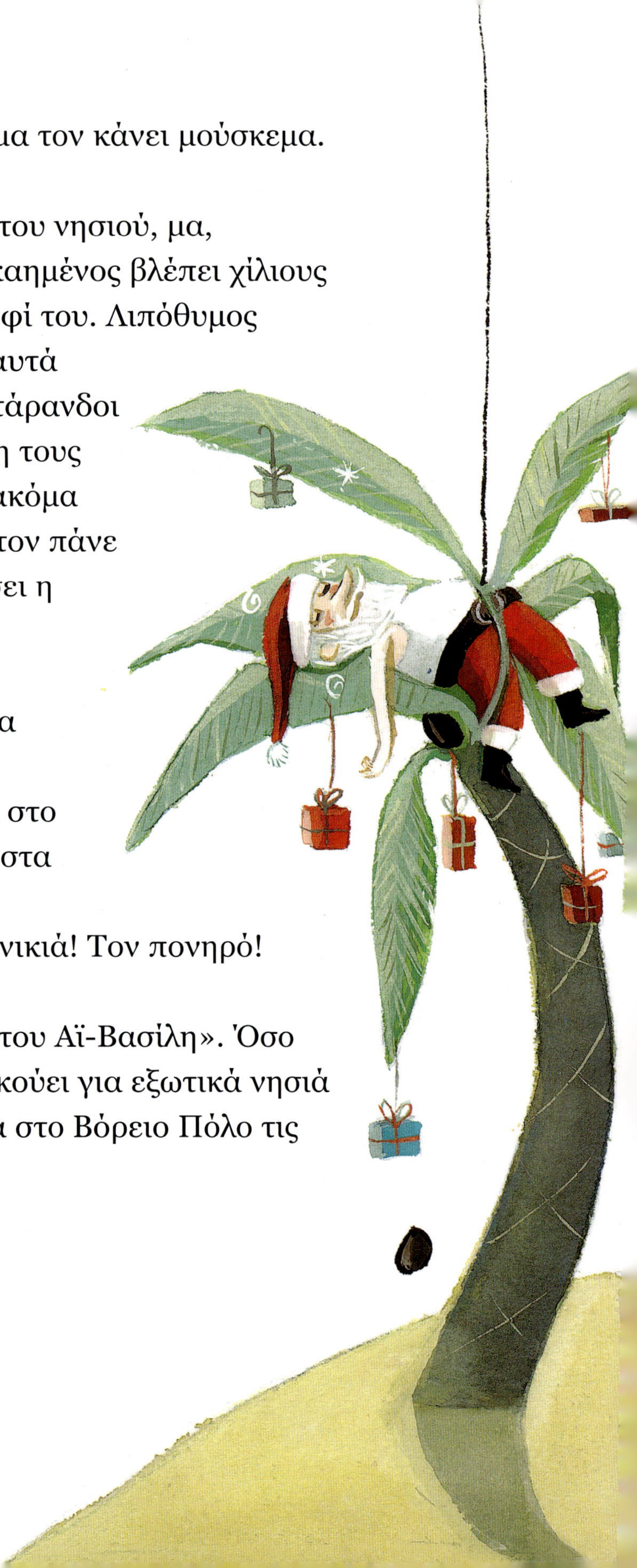

22 Δεκεμβρίου

Το μυστήριο του ψυγείου

Απόψε είναι Χριστούγεννα κι ο μικρός Κωστής δεν μπορεί να κοιμηθεί: περιμένει να χτυπήσουν μεσάνυχτα, να δει τον Αϊ-Βασίλη που θα 'ρθει με τα δώρα! Λίγα λεπτά μένουν ακόμα...

Κι αλήθεια! Τα μεσάνυχτα ακριβώς ο Κωστής ακούει ένα θόρυβο, κάποιος είναι στο σαλόνι. Σίγουρα ο Αϊ-Βασίλης! Ο Κωστής τρέχει να τον δει. Τα δώρα βρίσκονται ήδη κάτω από το έλατο κι ο Αϊ-Βασίλης ψάχνει στο σακούλι του μουτρωμένος.

–Α, δεν μπορεί! Πού πήγε το ευλογημένο; Είμαι βέβαιος ότι το έβαλα στο σακούλι με τα δώρα!

–Τι ψάχνεις, άγιε Βασίλη; ρωτάει ο Κωστής. Μήπως θέλεις να σε βοηθήσω;

Ξαφνιασμένος ο καλός άγιος γυρίζει:

–Τι; Α, συγγνώμη, μικρέ μου. Δε σε άκουσα να μπαίνεις, λέει. Να... την έπαθα! Ξέχασα το κολατσιό μου στο σπίτι... Και φοβάμαι ότι δε θ' αντέξω χωρίς να φάω κάτι. Είναι, ξέρεις, πολύ κουραστικός ο γύρος του κόσμου μέσα σε μια νύχτα! Αν πάλι γυρίσω σπίτι για να το πάρω, θ' αργήσω. Μήπως έχεις τίποτα να μου δώσεις να βάλω στο στόμα μου;

–Μα και βέβαια! φωνάζει ενθουσιασμένος ο Κωστής. Το ψυγείο είναι γεμάτο νόστιμα φαγητά!

Και φέρνει στον καλό άγιο ψητή γαλοπούλα και πηχτή, και κάστανα κι όλα τα καλά. Ακόμα και λίγη σαμπάνια!

–Ποπό! θα φάω με την ψυχή μου! λέει ευχαριστημένος ο Αϊ-Βασίλης. Ξέρεις, όμως... ανησυχώ. Τι θα πουν οι γονείς σου, όταν θα δουν αύριο το ψυγείο αδειανό;

–Α, μη σε νοιάζει! Θα πω ότι τα έφαγε όλα ο μπαμπάς μου! Ότι σηκώθηκε στον ύπνο του

υπνοβάτης και δεν άφησε ψίχουλο!
–Ναι, αλλά έτσι η μαμά σου θα του θυμώσει, επιμένει ο Αϊ-Βασίλης. Άκου… έχω μια ιδέα… Και βγάζοντας από την τσέπη του ένα μικρό κουτάκι το δίνει στον Κωστή και του λέει να το βάλει μέσα στο ψυγείο.
Την άλλη μέρα το πρωί σηκώνεται η μαμά να ετοιμάσει το πρωινό και… βάζει τις φωνές:
–Ποιος άδειασε το ψυγείο μες στη νύχτα; Τι έγινε; Και μη μου πείτε ότι το άδειασε ο άγιος Βασίλης!
Βλέπει τότε το μικρό κουτάκι και το ανοίγει. Μέσα έχει μια ωραία χρυσή καρφίτσα, σαν άστρο. Πάνω στην ώρα μπαίνει κι ο μπαμπάς στην κουζίνα. Η μαμά τότε τον αγκαλιάζει τρυφερά:
–Σ' ευχαριστώ, αγαπημένε μου, του λέει. Είσαι ο καλύτερος άντρας του κόσμου!

23 Δεκεμβρίου

Χριστούγεννα στο βυθό της θάλασσας

Φέτος είναι όλοι πολύ ευτυχισμένοι στο βασίλειο του βυθού. Η πριγκίπισσα των Σειρήνων και ο βασιλιάς Τρίτωνας απέκτησαν μωρό. Το αγοράκι έχει δέρμα άσπρο σαν τον αφρό των κυμάτων, μαγουλάκια ρόδινα σαν κοράλλια και το λένε Γαλανό. Οι γονείς του θέλουν πολύ να 'ρθει ο Αϊ-Βασίλης και να του φέρει ένα δωράκι... Αλλά πώς να φτάσει ο άγιος στο βυθό του ωκεανού;

Όλα τα πλάσματα της θάλασσας, όμως, βάζουν τα δυνατά τους για να βοηθήσουν. Μια ντουζίνα γκρίζες φώκιες έφυγαν το φθινόπωρο, αφήνοντας πίσω τους τα ζεστά νερά του Ατλαντικού, κολύμπησαν ως τις ακτές της Γροιλανδίας και ειδοποίησαν τον άγιο Βασίλη για τη γέννηση του μωρού. Όταν γύρισαν, ο κόσμος όλος του βυθού άρχισε να ετοιμάζεται για

την υποδοχή.

Τη βραδιά της παραμονής, στο συμφωνημένο μέρος, στη μέση ακριβώς του Τριγώνου των Βερμούδων, μια γιγάντια φάλαινα περιμένει...

Κοντά στα μεσάνυχτα ακούγονται τα κουδουνάκια από το έλκηθρο του Αϊ-Βασίλη. Αμέτρητα χέλια βγαίνουν τότε στον αφρό και φωσφορίζουν στο φως του φεγγαριού, για να μπορέσουν οι τάρανδοι να προσθαλασσωθούν! Όλα πάνε μια χαρά κι ο Αϊ-Βασίλης λύνει το έλκηθρο από τους τάρανδους και το ακουμπάει στην πλάτη της φάλαινας...

Τώρα μένει το πιο δύσκολο κομμάτι του ταξιδιού. Ο Αϊ-Βασίλης βγάζει τη στολή του και ντύνεται δύτης. Φοράει τη μάσκα και τον αναπνευστήρα του και μπαίνει στο έλκηθρο. Αντί για τους τάρανδους το σέρνουν τώρα ιππόκαμποι. Και οι καλοί τάρανδοι περιμένουν στην πλάτη της φάλαινας. Ο βασιλιάς των ιππόκαμπων, πρώτος πρώτος, δίνει το σύνθημα, που άλλος κανείς δεν το ακούει. Κι όλοι μαζί βουτάνε στα βάθη του ωκεανού, κάτω από τα πράσινα φύκια, που σκεπάζουν την επιφάνεια της θάλασσας... Γύρω από τον Αϊ-Βασίλη αμέτρητα ψαράκια κολυμπούν και λαμπυρίζουν κι η θάλασσα έχει φως. Σαν να 'ναι μέρα λάμπει ο βυθός. Ο καλός άγιος κοιτάζει γύρω του με το στόμα ανοιχτό. Κι όλο ξύνει το κεφάλι του απορημένος. Πού θα βρεθούν καμινάδες εδώ κάτω, για να μπορέσει να παραδώσει τα δώρα του όπως πρέπει; Στα βάθη του ωκεανού

δεν υπάρχουν ούτε τζάκια ούτε φωτιές ούτε καπνοί! Ούτε βέβαια καμινάδες!

Όταν, όμως, φτάνουν στο ανάκτορο, που είναι χτισμένο με μαργαριτάρια, βλέπει μια πανύψηλη καμινάδα από κοράλλια. Και πάνω πάνω, στην κορυφή της, τρεις σουπιές βγάζουν μελάνι! Το μελάνι τους σκορπάει στο νερό, όπως ακριβώς σκορπάει ο καπνός στον αέρα. Ο Αϊ-Βασίλης χώνεται με δισταγμό στην κοραλλένια καμινάδα. Μα, κοιτάζοντας προς τα κάτω, βλέπει... ναι, ναι, βλέπει κάτι σαν φωτιά να καίει. Βλέπει ακόμα και τις φλόγες της! Αλλά ούτε η φωτιά είναι φωτιά ούτε οι φλόγες είναι φλόγες. Είναι οι κόκκινες ανεμώνες της θάλασσας, που σαλεύουν τις κεραίες τους σαν να 'ναι φλόγες αληθινές. Ο Αϊ-Βασίλης χαμογελάει. Τι έξυπνες λύσεις που βρήκανε τα πλάσματα της θάλασσας! Χωρίς θόρυβο αφήνει τα δώρα για το μικρό Γαλανό δίπλα στο τζάκι... και χωρίς θόρυβο ξανανεβαίνει μέσα σ' ένα σύννεφο από φυσαλίδες, περνάει την καμινάδα και βγαίνει στον αφρό της θάλασσας, όπου τον περιμένουν οι αγαπημένοι του τάρανδοι.

24 Δεκεμβρίου

Ένα αστέρι διηγείται την ιστορία του

«Γεννήθηκα πριν από εκατομμύρια χρόνια. Και θα λάμπω για πολλά εκατομμύρια χρόνια ακόμα. Εμείς τ' αστέρια ζούμε πολλά χρόνια! Θα σας πω, λοιπόν, κάτι κι ακούστε με καλά: η ωραιότερη νύχτα, η πιο όμορφη νύχτα είναι η αποψινή.

Ο ουρανός ολόκληρος λάμπει. Μα την αλήθεια! Απόψε ένας άγγελος ήρθε και μας είπε:

–Αστέρια κι αστεράκια! μαζευτείτε όλα πάνω από τη Βηθλεέμ. Γιατί εκεί θα γίνει το μεγάλο θαύμα!

Αμέσως τρέξαμε, τ' αδέρφια μου κι εγώ, πάνω από τη Βηθλεέμ: και παρακολουθήσαμε την ωραιότερη ιστορία απ' όσες έχουμε δει ποτέ μας.

Εγώ τα είδα όλα. Είδα μια μανούλα να φτάνει στη Βηθλεέμ, με τη μεγάλη κοιλιά της, έτοιμη να γεννήσει. Μια μανούλα πανέμορφη, πιο όμορφη κι από αστέρι. Ο άντρας της χτύπησε όλες τις πόρτες:

–Σας παρακαλώ, αφήστε μας να περάσουμε τη νύχτα κοντά σας! Η γυναίκα μου θα γεννήσει!

Κανένας, όμως, δεν τους δέχτηκε. Όλα τα σπίτια ήταν γεμάτα. Τι να κάνουν, λοιπόν, ο Ιωσήφ και η Μαρία; Βρήκαν καταφύγιο σ' ένα στάβλο. Εκεί γέννησε η Μαρία το μωρό της. Τους καημένους, κάνει πολύ κρύο! Εμείς τ' αστέρια βάλαμε

τα δυνατά μας να λάμψουμε πιο πολύ, να τους ζεστάνουμε λιγουλάκι, μα μόνο ο ήλιος καταφέρνει τέτοια πράγματα. Κι αυτός είχε πάει για ύπνο! Ευτυχώς που ο γαϊδαράκος και το βόδι ζεσταίνουν τώρα το μωρό με την ανάσα τους.
Αλλά... τι είναι αυτά τα αστεράκια που χορεύουν στη γη; Θα ρωτήσω το διπλανό μου:
–Δε μου λες, αδερφάκι, τι είναι αυτά τα φωτάκια εκεί κάτω; Μήπως ξέρεις;
–Και βέβαια ξέρω. Είναι τα φαναράκια των βοσκών, που φωτίζουν το δρόμο τους μέσα στη νύχτα. Ένας άγγελος πήγε και σ' αυτούς και τους κάλεσε να έρθουν να προσκυνήσουν το μικρό Χριστούλη. Άφησαν, λοιπόν, τα κοπάδια τους και πηγαίνουν τρεχάτοι στη φάτνη.
–Δίκιο έχεις! Τι ωραία που είναι τα φαναράκια τους, έτσι που

χορεύουν στην πλαγιά! Και τι ησυχία, τι γαλήνη είναι τούτη! Δεν ακούγεται τίποτα. Οι άγγελοι έκρυψαν τις σάλπιγγες, θέλουν ν' αφήσουν το Χριστούλη να κοιμηθεί. Αυτός, όμως, δεν κοιμάται ακόμα... Χαμογελάει στη Μαρία, στον Ιωσήφ, στους αγγέλους... σ' εμάς!

–Δε μου λες, αστεράκι σοφό, εσύ που όλα τα ξέρεις... ποιο είναι εκείνο το άστρο το λαμπρό που λάμπει στον ορίζοντα πιο δυνατά απ' όλα τ' άλλα;

–Είναι το άστρο που οδηγεί ως εδώ τους τρεις μάγους με τα δώρα!

–Α, έχουν ακόμα δρόμο μπροστά τους, ώσπου να φτάσουν στη φάτνη!

–Ναι! Έχουν αργήσει. Γι' αυτό και το λαμπρό τους άστρο λαμπυρίζει ανυπόμονα. Θα 'θελε να πετάξει και να 'ρθει κοντά μας, να βρεθεί κι αυτό πάνω από τη Βηθλεέμ. Αλλά είναι αναγκασμένο να προχωράει με το ρυθμό που περπατούν οι καμήλες των μάγων. Χωρίς τη βοήθειά του οι μάγοι θα χαθούν.

–Ας μη στενοχωριέται! Όταν θα φτάσουν οι μάγοι στον προορισμό τους, το λαμπρό άστρο θα θρονιαστεί πάνω από τη φάτνη και θα τα δει όλα από κοντά».